타로의
그림열쇠

아서 에드워드 웨이트 지음
이강현 옮김　임상훈 감수

서로
빛나는
숲

**타로의
그림열쇠**

2024년 1월 22일 초판 1쇄 인쇄
2024년 1월 31일 초판 1쇄 발행

지은이 아서 에드워드 웨이트
옮긴이 이강현
감수자 임상훈

편집 김동석
펴낸이 임상훈

펴낸곳 서로빛나는숲   **출판등록** 2013년 1월 21일 제2015-000045호
주소 경기도 고양시 덕양구 화중로130번길 16, 314-3호
전화번호 010-2667-9841   **팩스번호** 0504-075-9841
전자우편 radiating.forest@gmail.com **홈페이지** http://www.radiatingforest.com

디자인 김동석   **종이** 타라유통
인쇄 및 제본 영신사   **물류** 해피데이

ISBN   978-89-98866-18-1   04180

책값은 뒤표지에 있습니다.

타로의
그림열쇠

아서 에드워드 웨이트 지음

이강현 옮김   임상훈 감수

The Pictorial Key to the Tarot

서로
빛나는
숲

감수자의 말

친구가 내게 처음 책을 쓰라고 권유했던 2001년 여름부터, 내가 타로카드에 관한 책을 쓴다면 가장 먼저 『타로의 그림열쇠』를 다루는 것이 도리에 맞는 일이라 생각해왔다. 다만 얼마 되지 않아 이 책의 번역본이 나왔고, 책을 낸다면 타로카드의 더 내밀한 이야기들을 써야 하지 않을까 하는 생각과 함께, 과연 그런 내용의 책이 얼마나 읽힐지에 대한 고민과 내 앞을 가로막은 현실적인 문제 탓에 출간을 계속 주저했고, 뒤늦게 마음먹은 뒤 타로카드 총서를 쓰기 시작했다.

아마도 이 책은 타로카드를 배우고 연구하는 이들이라면 반드시 읽어야 할 책으로 꼽힐 것이다. 내용의 진중함이나 정확성을 떠나서, 이 책과 함께 세상에 나온 라이더-웨이트 덱은 타로카드 분야에 새 지평을 열어주었고, 아직도 이 덱의 영향력이 유지되기 때문이다.

그러나 그동안 우리나라에서 이 책은 쉽게 조명을 받지 못했는데, 이는 책의 형식이 명철한 논리를 제공하는 것과 거리가 있다는 점에 더해, 글쓴이의 문체와 화법 및 표현 방식이 우리에게 익숙하지 않아 이해하기 어려운 점이 많았기 때문이라 생각한다. 그렇기에 이 책은 최대한 어려운 표현을 덜어내고 문화, 종교적인 비유의 설명을 덧붙이는 방향으로 번역했다는 점을 미리 밝힌다.

타로카드 총서의 두 번째 장Phase을 여는 책으로 이 책을 고른 것 또한 앞으로 타로카드 총서가 타로를 배울 때 언급하지 않을 수 없는 책들, 또는 타로카드에 영향을 미쳤다고 알려진 내용들을 살피려면 반드시 필요한 책들을 소개하는 데 목적이 있기 때문이다.

번역을 맡아주신 이강현 님께 감사를 드리며, 이 시도가 타로카드 연구자들에게 길을 밝혀줄 수 있기를 기원한다.

2024년 1월.
임상훈.

머리말

고차원적인 신비주의 학파의 수장 노릇을 했던 사람이자 오랫동안 활동해온 문필가로서, 명료한 진술로 내 입장을 기록하는 일은 꼭 필요했다. 이 작업을 그저 개인의 기호와 취향을 변론하는 것이라고 할 수는 없다. 비록 그 일에 영적인 [또는 여러] 한계점이 있더라도 말이다. (아마도) 잠깐만 봐도 단번에 파악할 수 있을 것 같은, 이 유명한 점술을 오늘날의 내가 연구하는 게 이상해 보일지도 모른다. 그러나 우리가 각별히 주의해서 접근해야 한다고 주장하는 '(신비주의) 교리를 성화聖化하는 수행명령'*을 제외한다면, 고차원적인 것과 관련해 언급되는 여러 문제를 놓고 떠도는 세간의 주장들은 아무리 학문적으로 명망 있는 사람의 논평일지라도 우리가 납득할 수 없는 내용이라면 그 중요성도 떨어진다. 그럼에도 내가 일정 부분 존경을 표하는 일반 대중뿐 아니라 그보다 더 영향력 있는 이들까지 (그들에게 헌신하는 경우가 있기도 한) 내 이런 행동에 의혹의 눈길을 보내는 것이 현실이다. 나는 이러한 이들뿐 아니라 누구에게든 이렇게 말하곤 한다. 변성變性, Trasmutation의 비밀스러운 궁전에서 화학적 결혼을 목격했던, 저 찬란한 '크리스티안 로젠크로이츠 형제'가 남긴 일대기는, 다음 세대의 아침을 여는 문지기가 되리라 그가 몸소 고대했던 바로 그 암시만 남긴 채 갑작스레 중단됐다고.** 그리고 같은 방식으로 나는 이렇게 말한다. 성사聖事라는 티 없이 맑은 장막veil을 통해 하늘의 임금King of Heaven의 모습을 보았던 자들은, 훗날 하느님의 집House of God의 모든 일을 도맡는 가장 겸허한 사역꾼으로 추정되는 일이 많

---

* 로젠크로이츠 시대부터 내려오는 '황금새벽회'가 인정한 신비주의 수행법을 뜻한다.

** 로젠크로이츠의 작업이 미완으로 남아 있다는 것을 뜻한다.

다고* 말이다. 이러한 간단한 방식들을 통해 비밀결사 안에서도 신비주의의 신자/사제/대종Servi servorum mysterii**이랄 수 있는 초심자들과 (신비주의의 집전자 또는 교황 등의) 숙련자 및 위대한 스승을 분별할 수 있다. 또한 이런 방식으로 우리는 그 누구라도 제정신이라면 속지 않을, 오컬트Occult라 부르는 기예의 부스러기와 잔해가 널린 출입구 끝에서 타로카드를 찾아낼 수 있다. 그렇지만 타로카드는 그 자체만으로도 또 다른 영역에 속하는데, 이는 고도로 상징적이기 때문이다. 이른바 점술로 통하는 것들처럼 직감과 감언甘言, pretext***에 따른 해석이라기보다는 '은혜의 법칙'에 따른 통역에 가깝다. 하느님의 지혜가 인간에게는 어리석음과 같다는 사실만으로는, 어떤 의미/맥락에서든 이 세상의 어리석음이 신지神智에 기여한다고 추정할 수 없다. 또한 일반적인 학자나 권위 있는 자리에 있는 교육자도 이 명제(주제)의 타당성과 가능성을 곧바로 인지하지 못한다. 지금까지 이 주제는 카드 점술가들의 장사 밑천으로 다뤄졌다. 나는 내 영역 바깥의 사람들에게 그 주제에 대한 논의가 의미 있는지 없는지를 설파하려는 생각은 없지만, 어쨌든 역사와 해석이라는 면에서는 더 나아진 점이 없었다. (왜냐하면) 이 주제를 다루던 수장이란 사람들이 철학적 통찰력

---

* 마법이든 가톨릭 성사든, 구원받는 이들은 구원이 연결된 오컬트는 모두 다 기독교적 세계관 위에서 펼쳐야 한다는 것을 설파한다. 단, 여기서 언급하는 성사는 가톨릭 성사가 아닌 황금새벽회 의식을 말할 가능성도 있다.

** 원문에 있는 라틴어는 영어로 번역한다면 Servant of Servant of God인데, 'Servant of God'은 교황을 부르는 별칭이다. 그러므로 Servant of servant of God은 교황 밑에서 일하는 모든 신자/종사를 말하며, 이에 더해 'mysterii'라 언급했기에 신비주의 교리의 교황Hierophant 아래에서 수행하는 모든 사람을 포괄한 것이라 추정된다.

*** 현재 업계 용어로 '콜드 리딩'이 여기에 해당한다.

이나 증거를 올바로 평가할 능력을 지닌 이들로 하여금 타로카드를 철저히 무시할 만하게끔 만들어버렸기 때문이다. 이제는 이 주제를 무관심 속에서 구출할 시기가 왔으며, 나는 이 주제에 방해되는 부차적인 문제를 해소하는 일을 처음부터 끝까지 확실하게 끝마칠 것을 최종적으로 선언한다. 시가 세상의 가장 아름다운 부분들을 담아낼 수 있는 가장 아름다운 표현인 것처럼, 상징은 음성(회화) 언어의 수단으로는 온전히 선포되지 못하고 숨어 있는, 성역 안의 가장 심오한 것들을 담아내는 가장 보편 지향적*인 표현이다. 침묵의 법칙**을 정당화하는 것이 내 관심사는 아니지만, 이 주제***에 대해서는 최근에 다른 문헌에서 내가 말할 수 있는 것을 기록해두었다.

이후에 시작되는 소논문은 세 부분으로 나뉜다. 제1부에서 나는 이 주제****가 얼마나 유구悠久한지를 논하며, 이것과 연관해 나타나는 몇몇 내용을 다루었다. 여기에서는 지난 50년 동안 타로카드를 역사적으로 살펴본다는 명목 아래 강제로 편입된 표현들 및 그로써 모든 환영phantasmagoria과 착시의 원천이자 그 중심에 섰던 특정 오컬트주의 학파(더 정확히 말하자면 프랑스의 어느 학파)에 관해 이야기한다. 아울러 이 글에서는 플레잉 카드Playing Card의 역사를 다루려 하지 않는다는 점을 유념해야 한다. 나는 플레잉 카드에 관해 알지 못하며 관심도 없다. 이는 이 부분에 전념하고 고심해서 다루어왔던 그 학파에게 보내는 일종의 제언이다. 제2부에서는 상징성의 고차원적 요소에 관해 다뤘다. 또한 완벽히 개정한 타로카드를 소개하는 데 목적을

---

* 원문은 catholic. 소문자이기에 '폭넓은'으로 번역해도 되나, 이 단어를 굳이 언급한 저자의 의도상 가톨릭에서 가장 많이 쓰는 표현인 '보편 지향'이라는 말로 번역했다.

** 쓸데없는 말을 하는 것보다는 아무 말도 하지 않는 것이 나으며, 만남에서 침묵을 잘 견디는 사람이 관계를 잘 만들어간다는 영미권 속담이다.

*** 상징의 작동 원리.

**** 본문에서 나오는 '주제'라는 것은 모두 '타로카드에는 종교적 의미가 있는 것', '타로카드는 상징적인 것', '상징은 특별한 의미가 있는 것'에 대한 이야기로, 머리말부터 계속해서 'subject'라는 표현으로 논제를 지칭하고 있다.

둔다. 이 타로카드 채색본은 별도로 구할 수 있고, 이 책에서는 해당 타로의 디자인을 흑백으로 수록했다. 카드는 내 (속성과 의미에 관한) 감수를 거쳐 화가로서 명망 높은 한 숙녀의 손끝에서 만들어졌다.*

그리고 점술에 관해 다루면서 논고를 마무리한다. 나는 점술이란 타로카드 역사 속에서 엄연히 존재해온 사실이라 생각한다. 따라서 나는 다양한 카드에 부여된 의미의 조합을 온갖 출판물에서 찾아내고 결과를 도출했다. 또, 이전에 출판되지 않았던 점법 하나를 소개했다. 이 점법은 단순하고 보편적으로 적용할 수 있다는 장점이 있으니, 번거롭고 시간이 드는 두꺼운 안내서를 대체할 수 있으리라 생각한다.

* 패멀라 콜슨 스미스Pamela Colman Smith를 말한다.

차 례

감수자의 말 5

머리말 6

개인적인 설명 – 신비 문학의 윤곽들
구출해내야 할 주제 – 이 사안의 목적과 한계

제1부
장막과 그 안의 상징들

제1장　서언序言들과 일반론 15
제2장　분류 1. 트럼프 메이저 또는 대비밀 아르카나 22
제3장　분류 2. 네 수트 또는 소비밀 아르카나 38
제4장　역사 속의 타로 40

제2부
장막 뒤의 교리

제1장　타로와 비밀 전승 57
제2장　트럼프 메이저와 그 내적 상징 66
제3장　'큰 열쇠'*에 관한 결론 88

---

* 원문 'Greater Keys'는 'Greater Keys of Solomon'에서 인용한 표현으로,
원문을 존중해 '큰 열쇠'로 번역했다. 마이너 수트도 Lesser Arcana라고 명시
했는데, 이 또한 'Lesser Keys of Solomon'에 대응시킨 것으로 보인다.

제3부
신탁의 표면적인 원리

제1장   대비밀과 소비밀 아르카나의 구분   93

제2장   작은 열쇠 또는 타로카드의 네 수트 96

완드 수트   96

컵 수트   101

검 수트   106

오망성 수트   110

제3장   대비밀과 그 점술적 의미들115

제4장   소비밀의 추가적인 의미들 119

제5장   운용運用에서의 재귀再歸   124

제6장   타로 점의 기술   126

제7장   고대 켈트족의 점법   127

제8장   타로카드를 해석하는 또 다른 방법   131

제9장   카드 서른다섯 장을 사용한 해석법   135

참고 문헌 138

타로와 그 관계성에 대해 다루는 주요 문헌에 대한 간결한 참고 문헌 목록

맺음말 150

일러두기

1. 이 책은 Arthur Edward Waite, *The Pictorial Key to the Tarot,* London: William Rider & Son, Ltd. 1911을 번역 저본으로 삼았다.
1. 기독교 용어와 성경 인용구는 대부분 한국천주교주교회의에서 펴낸 『성경』을 따랐으나, 일부는 글쓴이의 역사·문화적 배경에 걸맞게 『킹 제임스 성경』을 따랐다.
2. 인명, 지명, 작품명 등은 국립국어원 외래어표기법 규정을 따랐으나, 타로카드의 용어나 상품명 등이 관례로 굳어진 경우는 예외로 두었다.
3. 원문의 대비밀/소비밀(아르카나) 또는 큰 열쇠/작은 열쇠를 현재는 메이저/마이너 (아르카나/카드)로 일컫고 있지만, 원문의 표현을 살려 표기했다(트럼프 메이저 또한 원문 그대로 표기했다).
4. 각주에서 단어의 뜻을 설명할 때 미리엄 웹스터 사전https://www.merriam-webster. com, 옥스퍼드 사전https://www.oed.com, 케임브리지 사전https://dictionary.cambri dge.org, 콜린스 사전https://www.collinsdictionary.com을 참고했다.
5. 각주는 '글쓴이 주'로 밝힌 것을 제외하면 모두 번역자와 감수자의 주석이다.
6. 각주에서 언급하는 타로카드 총서의 제목들을 다음과 같이 약칭했다.
   『타로카드의 상징: 메이저 아르카나』→ 메이저 상징편
   『타로카드의 상징: 핍 카드』→ 핍 상징편
7. 본문 괄호 안의 내용은 독자의 이해를 돕기 위해 문맥상 감수자가 삽입한 것이다.

제1부

장막*과 그 안의 상징들
The Veil and its Symbols

* 이 책에서는 The Veil을 '장막'으로 번역했다. Veil의 일반적 용례가 두 가지인데, 하나는 가톨릭 예식 때 머리에 쓰는 면사포이고, 다른 하나는 성전에 성물을 가리는 '장막'이며, 여기서 The Veil and Its Symbols라 한 것은 '베일에 있는 상징들'이라는 의미이니, 상징물이 그려진 베일이라면 '장막'이 적절한 번역에 가깝다. 이 장막과 같은 것이 '2. The High Priestess' 카드 뒤에 그려진 것을 확인할 수 있다.

제1장 서언序言과 일반론

INTRODUCTORY AND GENERAL

시인이 보기에* "불성실한 천문학자는 광인이다". 일반인이 보기엔 천재가 광인이다. 그리고 지고한 이성은 수만 개의 유사점이 널린 두 비유의 극단 사이에서 최선의 노력을 하며 중재자를 자처한다. 나는 오컬트에 헌신하는 이들을 병적이라 생각하진 않지만, 그들의 언행이 당치않다는 데는 누구도 이의를 제기할 수 없을 것이다. 그들의 중재자 노릇을 하기란 보람 없을 뿐 아니라 까다롭지 않은 일도 아니다. 설령 오컬트에 병적인 면이 있더라도, 이는 경험에만 기댄 것이고, 전문적 진단도 아니거니와 엄정한 판단 기준도 없다. 요컨대, 오컬트주의는 신비적인 능력과 다르다. 아울러 오컬트주의는 일반인 삶에 필요한 능력 또는 오컬트 자체의 영역에서 통하는 입증 원칙/지식 어느 쪽과도 조화를 이루는 일이 드물다.** (이 양립에 대해) 나는 교묘한 헛소리를 수없이 들어왔기에, 이들 논제가 사실이 아니라는 주장은 새삼 언급할 필요조차 없다. 그런 헛소리들이 논제의 조연助演을 맡는다는 주장에도 수긍할 수 없다. 나는 오랫동안 오컬트 기술에 관련한 영역에서, 사기가 아니라면 견강부회牽强附會가 자명한 사례들을 찾아냈고, 의심스러운 교리나 난해한 연구 들을 매번 새로이 다뤄왔다. 오컬트주의 관점에서 살펴보자면 이 역사의 면면은 조연助演에 그치지 않는다. 그러나 논리적 이성을 발휘해 (헛소리로) 상처투성이가 된 내용들을 치료하는 것만으로는 약간 재고再考하는 것

---

* 원문은 '시인의 (정신)병리학은 (이렇게) 말한다'로, 여기서 시인의 병리학은 '예술가'를 지칭하는 것이라 이해할 수 있다. 그러나 오컬트는 '시적인 예술'이 지니는 '직감'이나 '영성'과는 다른 것을 요구한다는 점을 암시한다.

** 더 쉽게 풀어서 의역하면 "현세적 삶의 요소와 오컬트의 논리가 양립하고 조화를 이루는 경우는 극히 드물다." 이 대목은 오컬트 기법을 통해 현세적인 효과를 원하는 것에 대한 비판이다.

이상을 기대하기 힘들다. 고차원적 상징 체계에 따라 타로 연구를 할 때 무지의 구름 속에서 포기하지 않을 인내심을 가지려면 거의 "별의 주인이 된 현명한 형제"가 필요한 지경이다. 진정한 타로는 다른 그 어떤 언어나 기호sign도 아닌 상징이다. (타로의) 각 표장의 속뜻을 생각해보면, 타로란 무수한 의미를 끝없이 조합할 수 있는 일종의 알파벳으로 여길 수 있으며, 이는 전체적으로 참되다.* 최상의 입지를 다져둔 이 접근법은 자의적이지 않으면서도 지금껏 독해된 적 없었던 방식으로 신비를 푸는 열쇠를 제공한다. 그러나 이제껏 신비와 관련해 세간에 회자된 상징 담론은 잘못됐고, 잘못된 방향으로 흘러간 역사는 지금까지 출판된 모든 관련 작품에 악영향을 끼쳤다. 이러한 사실은 적어도 의미를 진중하게 다룰 줄 아는 저자 두세 명만 꾸준히 암시해왔다. (왜냐하면) 이 분야에 정통한 사람이 거의 없다는 피치 못할 이유 때문이었다. 이 극소수의 사람들은 서약한 사람에 한해서만 상징의 전수를 주재했고, 그들 스스로 서약의 (비밀 유지라는) 신의를 저버릴 순 없었다. 그들의 주장은 매우 빼어나다. (신비주의) 교리의 정통성을 지키려면 점 치는 기술 — 카드 뽑기의 기예l'art de tirer les cartes — 을 비밀 유지를 서약한 사람들만 전수받아 특정 해석을 쓸 수 있게 해야 한다는, 표면적으로는 고루固陋해 보이는 의견이기 때문이다.** 물론 타로에 관한 비밀 전통은 실존하며, 신비로운 소비밀들이 성대한 나팔소리와 함께 만천하에 알려질 가능성은 항상 열려 있다. 그럼에도 이 문제에 지대한 관심을 품은 사람들에게 상징적인 면에서 말하자면 모든 묵시록에서 (논하는) 땅/바다/별이 3분의 1만

* 본문의 '참되다'는 종교적 관용구에 가까우며, 논리학적인 맥락일 때는 '참이다'로 번역했다.
** 고루한 것이라 흥미 위주로 소모되지 않았다는 점을 역설하고 있다. 역설을 이해하기 쉽게 바꾸면 "교리의 정통성을 지키려면 점 치는 기술 — 카드 뽑기의 기예l'art de tirer les cartes — 의 특정한 해석을 (비밀 유지를 서약한) 사람들만 쓰도록 해야 한다는, 표면적으로는 고루해 보이지만 매우 정직한 주장이기 때문이다."

남을 것이다. (나는) 그런 일이 일어나기 전에 경고해두려 한다.* 이는 그저 단순한 이유 때문이다. 근본 문제와 새로운 사실이 더는 문서화되지 않고 있는 데 반해, 이를 흉내 내어 벗겨진 장막의 진리**를 통찰한 척 가장한 문서들은 너무 많다는 전제 상황 때문이다. 그러므로 수행 명령의 신비를 지키는 입회 지부의 수호자들이 경계할 이유가 없다.

공교롭게도 오랜 공백을 깨고 최근에 재판된『보헤미안 타로*The Tarot of the Bohemians*』의 서문에서 나는 그 당시 말할 수 있었거나 말할 필요가 있던 것을 적었다. (또한) 특히 최근 작업한 기획에서는 외부에 공개할 수 있는 한도 내에서, (타로)카드 세트 자체의 잘못된 점을 바로잡아 소개하고, 이와 관련한 진실을 꾸밈없이 전달할 것이라고 거듭 암시한 바 있다. 저 위대한*** (카드의) 상징 체계에 대해 말하자면, 그 궁극적이고 고차원적인 의미는 일반적인 그림 언어나 이집트 상형문자의 의미보다 훨씬 더 심오하다. 이는 비밀 전승을 어느 정도 전수받은 자라면 이해할 수 있을 것이다. 내가 특히나 중요한 트럼프 카드****의 언어학적 의미에 대해 굳이 지면을 할애하는 이유는, 어리석음과 사칭을 자행하며 과거에 얽매인 이들을 진리의 길 위에서 치워버리고, 그 자리를 통찰력 있는 자들로 채우며, 내 힘닿는 선에서 그들이 진실의 도착지로 걸어 들어갈 수 있게끔 살펴가며 돕고자 하기 때문이다.*****

* 이는「요한의 묵시록」을 비유한 것이다. 이러한 비밀이 공공연하게 알려질 때는 최후의 심판이 이루어지는 날이 될 때쯤에야 올 것(사실상 이런 날이 올 일이 없다는 것)을 강조한다.

** 원문 pretended unveiling. 여기에서는 굳이 unveil이라는 표현을 써서『베일 벗은 카발라』를 쓴 맥그리거 매서스를 대놓고 비판하고 있다.

*** greater symbols, 더 정확히는 트럼프 안에서 메이저 카드의 위상과 카드 전체에 산재한 큰 열쇠의 부산물로 나타나는 의미들을 말한다.

**** 여기서는 상징 체계에 대한 이야기이기 때문에 트럼프 스타일로 구성된 타로카드의 구성 원리, 시스템의 언어학적 특성을 일컫는다. 따라서 의역하면 "서열이 있는 카드 체계"가 된다.

***** 이 단락은 전체적으로 "진리의 길"이라는 비유 위에서 논지를 전개한 글

내가 소정의 존경을 표하는 몇몇 사안*의 진의를 밝힐 수 없다는 점을 시인해야 하는 것이 여러모로 안타깝지만, 이것은 명예가 걸린 문제이기에 확실히 할 필요가 있다. 심지어, 작금의 논쟁 한쪽에는 이 전통에 대해 아무것도 모르면서도 자칭 오컬트학과 철학의 수장이라고 불리는 어리석은 자들이 있고, 다른 한쪽에는 전통의 일부를 전수받았으며, 이것만으로 적법한 훈장을 갖췄다고 여겨 스스로를 포장해 사람들을 현혹하는 외식外飾하는 자들**이 있다. 나는 이러한 무지성적인 행태와 유언비어들이 끼치는 영향을 최소한으로 줄이기 위해 내가 말할 수 있는 것은 발언해야 할 때가 왔다고 생각한다.

조만간 우리는 타로카드의 역사가 대체로 부정적이라는 점과 마주할 것이다. 이제껏 확실성이라는 명목으로 표현돼왔던 불필요한 추측과 몽상을 논파해보면, 다음 사안이 분명해진다. 14세기 이전의 타로 역사란 존재하지 않는다는 사실이다. 이집트·인도·중국 기원설은 타로 역사를 다룬 최초의 해설자들이 거짓과 자기기만에 빠지게끔 부추겼다. 이후의 오컬트 작가들도 연구의 문제들을 깨우치지 못한 수준의 지식으로, 그저 선의로써 선대의 그릇된 가르침을 재차 찍어내는 것 외의 작업은 거의 하지 않았다. 놀랍게도 이렇게 만들어진 모든 해설은 매우 좁은 범주 내에서 다루어졌고, 그다지 창의적인 수준도 아니었다. 지금까지 누구도, 알비파가 비밀스러운 상징 언어를 만들었고, 심지어 이것이 타로의 기원이 되었을 수도 있었으리라고 생각한 적은 없으니, 절호의 기회를 하나 놓친 셈이다. 나는 가브리엘레 로세티Gabriele Rossetti***와 외젠 아루Eugène Aroux****의 정신

이므로, 원문의 비유를 최대한 살려 의역했다.

* 이 책에 소개되지 않은 내용을 말한다.

** 원문은 make-believe. 겉치레한다는 의미의 성경 표현을 따와 의역했다.

*** 1783~1854. 이탈리아의 시인, 학자, 혁명가이자 비밀결사 카르보나리당의 창립자이며 『종교개혁을 낳은 반反교황 정신에 관한 논고Disquisitions on the Antipapal Spirit Which Produced the Reformation』(1832)의 글쓴이이기도 하다.

**** 1793~1859. 『중세 기사도와 플라토닉 러브의 신비Mysteries of Chivalry and of Platonic Love in the Middle Ages』(1858)의 글쓴이. 웨이트는 자신의 다른

을 직접적으로 계승한 후예, 또 하나의 『르네상스 시대의 새로운 빛 *New Light on the Renaissance*』이랄 수 있는 해럴드 베일리Harold Bayley 씨, 열정적으로 모든 것을 탐구하려는 정신을 가진 경애하는 쿠퍼오클리 Cooper-Oakley 부인 모두에게 어둠 속의 작은 등불로서 앞의 가설을 (고려해보라고) 추천한다. 교황 또는 대사제 카드가 비밀스러운 알비파의 시조라는 견해와 관련해서, 식별 무늬Watermark의 증언을 통해 가정할 수 있는 것이 무엇인지 생각해보라. 베일리 씨는 동일한 식별무늬에서 자신의 의도에 부합하는 사실을 발견했다. 잠시만, 여사제 카드를 알비파 교회 그 자체가 (세상에 잠깐*) 모습을 드러내는 순간이라고 상상해보라. 번개 맞은 탑 카드는 일곱 언덕의 도시인 교황령 로마의 붕괴를 열망하는 전형으로,** 영적인 건축물이 신의 분노와 함께 쪼개지면서 교황과 그 일시적 권능***이 꼭대기에서부터 추락하는 모습을 형상화한 것이라고 상상해보라. 물론 이런 가설은 선민選民을 자처하는 몇몇이 날조한 것일 수도 있고, 그 표현들이 진실을 호도하는 기만일 가능성도 지극히 높으며 이 또한 설득력 있다.**** 그럼에도, 감히 이 자리에서 인용하지는 않았으나, 심지어 앞에 언급한 내용보다 훨씬 더 많은 유사점이 (알비파에) 있다. 타로카드가 그첫 정격 해석의 주제가 되는 시기가 왔을 때*****, 고고학자 쿠르 드 제블랭Court de Gebelin은 타로카드의 가장 중요한 표장 일부를 재현

책 『성배*The Holy Grail*』에서 그가 언급한 로세티의 논고에 크게 영감을 받았다고 언급한다.

* 괄호 안의 내용은 본문에 언급되지 않으나, 여사제 카드의 의미에 포함되어 있기에 이해를 돕고자 삽입했다.

** 알비파는 가톨릭교회와 정교회 모두에게 끊임없이 박해받았기 때문에 실존하는 알비파 교회는 없었으며(High Priestess), 이들이 가톨릭교회와 정교회의 붕괴를 열망하는 것(Tower)은 당연한 일이었다.

*** 원문은 pontiff and his temporal power. Temporal power는 시간에 구속된 힘이기에 이처럼 번역했다.

**** 이런 증거도 일종의 가설이기에 얼마든지 반론의 여지가 있다는 의미이지만, 다음 문장에서 바로 이 사안을 반박하며 증거가 너무 많다고 주장한다.

***** 처음으로 타로카드의 정석적인 해석에 집중하게 된 시기를 말한다.

해냈다. 그가 참고한 ─ 굳이 이름을 붙이면 ─ 문헌은 그가 제작한 도판이 지닌 상징 의미의 기반이 되었고, 이 도판들은 이후 등장한 카드들에서도 지속적으로 인용됐다. 이 도판은 (타로) 초기의 모습과 매우 가깝고, 에틸라Etteilla, 마르세유 텍Marseilles Tarot 및 현재까지도 프랑스에서 사용되는 여타 카드들과는 서로 달랐다. 나는 이러한 일을 판단하기 적합한 사람은 아니지만, 모든 트럼프 메이저가 식별 무늬 목적으로 쓰였을지도 모른다는 사실은 내가 (앞에서) 언급한 사례들과 더불어 가장 확실한 예시인 ACE *of* CUPS. 카드로 확인할 수 있다.

이것을 성합聖盒의 관례에 따른 성체성사의 표장이라 불러야 할지 모르겠지만, 이 사실은 지금 중요하지 않다. 중요한 것은 베일리 씨가 『르네상스 시대의 새로운 빛』에서 이를 알비파에서 기원했으며 준성사와 성배의 표장을 나타내는 식별 무늬였을 것이라 주장하며, 17세기 종이에 인쇄된 유사 도판 6점을 제시했다는 점이다. 만약에 그가 타로에 대해 알고 있었다면, 그가 이러한 점술 카드, 운세 카드, 무성히 떠도는 모든 기법에 대한 이 카드가 아마 프랑스 남부에서 아직 쓰이고 있을지 모른다는 사실을 알았더라면, 지나치게 빼어나 매혹적이기까지 한 그의 가설이 더 크게 부풀어 올랐을지도 모른다. 그랬다면 우리는 기독교 영지주의, 마니교 및 그가 이해했던 모든 순수한 초기 기독교 복음에 대한 비전이 그림 뒤켠에서 빛나고 있음을 분명히 확인할 수 있었을 것이다.

나는 이런 시각으로 타로를 다루지는 않는다.* 다만 베일리 씨가 앞으로도 이 주제에 대해 주목할 것이기에, 그의 노고勞苦에 격려를 보낼 따름이다. 여기에서 나는 (타로)카드 역사에 대한 독자적 추론이 전대미문의 경이로움을 창출했다는 점을 소개하고자 했다.

카드의 형태와 수는 이미 잘 알려진 내용이니 굳이 나열할 필요가 없다. 왜냐하면 이는 너무나 일반적이고 친숙한 내용이기 때문이다. 그러나 무엇이든 근거가 불확실한 내용을 기정사실화하는 것은 위험하다. 그리고 카드의 형태와 수에는 또 다른 이유가 있기에, 다음과 같은 간단한 표를 만들었다.

* 글쓴이는 해럴드 베일리의 주장을 가능성 있는 가설로 여기면서도, 자신이 연구한 주제와는 거리가 있기에 더 깊이 파고들지는 않는다. 그는 타로카드의 역사보다는 타로카드에 들어 있는 상징의 의미 체계에 훨씬 깊은 관심을 두었으며 타로카드의 역사는 그의 관심 대상 밖이었다. 이 문단은 다른 이가 역사 연구를 '제대로' 하기를 기원한다는 맥락으로 이해할 수 있다.

제2장   분류 1. 트럼프 메이저 또는 대비밀 아르카나*

TRUMPS MAJOR Otherwise, Greater Arcana

1. 마법사 The Magus, 마술사Magician, 저글러Juggler, 저속한 속임수의 세계 속에서 주사위를 던지는 자이자 협잡꾼. 이것이 서적 행상인이 파는 책에 나오는 설명이다. 이는 실제로, 상징 체계의 비밀 지식에 따른 신비적인 구조를 타로카드 점술에서 적용할 때 얻게 되는 상징적인 의미와 일치한다. 타로카드 독학자들이 저들만의 빛을 따라 트럼프 메이저에 대한 개별 의미 묶음을 만들어냈고, 그 (빛의) 면면이 때때로 시사적이지만 (사실은) 진정한 빛은 아니라는 것을 첨언해야 겠다. 예를 들어, 엘리파스 레비Éliphas Lévi는 마법사Magus(의 숫자 1)가 숫자의 어머니로서 통합체unity를 뜻한다고 말했고, 또 다른 누군가는 신성의 일치Divine Unity를 뜻한다고 말했으며, 최근 프랑스 주석자들은 일반적인 의미에서 의지를 뜻한다고 생각한다.**

2. 여사제 The High Priestess, 여교황 요안나the Pope Joan, 또는 여교황 Female Pontiff. 초기 해설자들은 원장 수녀The Mother나 교황의 아내 Pop's Wife 같은, 상징 체계에 반대되는 의미를 이 카드에서 찾아내려 했다. 때때로 이 카드는 신성한 율법이나 영지靈智를 나타낸다고 여겨지기도 하며, 이때 여사제는 셰키나Shekinah라는 개념에 해당한다. 여사제는 비밀스러운 전승과 이미 정립된 신비의 고차원적인 의미를 뜻한다.

---

* 이 장에서는 라이더-웨이트 덱 이전의 카드들에 대해 서술하고 있다.

** 여기서 '숫자로서의 어머니'는 수비학적으로 모든 수가 1을 포함하고 1에서 파생되었기 때문에, unity는 '통합체'로 번역했으며, '단일성'으로도 번역할 수 있다. 이어지는 Divine Unity는 삼위일체가 한 분께 온다는 삼위일체의 단일을 뜻하는 표현이므로, '하나뿐인 신'으로 번역하면 오역이 된다. '신성의 단일성', '신성의 단일원리', '신성의 일치' 정도가 가장 정확한 번역이 될 것이다.

3. 여제 The Empress는 때때로 정면을 향한 모습으로 묘사되기도 한다. 이와 반대로, 이 카드와 대응되는 황제The Emperor는 옆모습으로 그려진다. 이 차이에 중요한 상징적 의미를 부여하려는 경향이 일부 있지만, 그 내적 의미는 없다고 보는 것이 바람직해 보인다. 여제는 보편적인 다산의 개념 및 일반적인 의미의 활동성과 연관되어왔다.

4. 황제 The Emperor는 위에서 언급한 카드(여제)와 결혼한 사람으로 여길 수 있다. 황제는 때때로 개인 휘장 외에도 기사 지위를 나타내는 별이나 리본을 착용하는 것으로 표현되기도 한다. 나는 이런 표현에서 옛 표장과 새 표장이 (역사적인 흐름 속에) 뒤섞여 있다는 사실에 주목하려 한다. 두 표장 중 어느 한쪽의 물증을 내세워 그쪽이 전적으로 맞는다고 주장하려 한다면, 다른 쪽의 주장도 마찬가지의 방식으로 논파해야 할 것이다. (카드에 그려진) 특정 요소가 실제로 더 오래전에 그려졌다고 해서, 그것이 옛 표장의 지표이고 새 표장들은 그저 옛 표장의 부속으로 간주해 편입할 수 있다고 주장하는 것은 아무 의미 없는 논쟁이다. 반대로, (후대에) 산발적으로 드러나는 참신한 요소들이 있다고 해서 그것이 몰지각한 편집자나 후대 제도사製圖士의 개입은 없었으리라 주장할 근거 또한 없다.*

5. 대제사장 The High Priest, 신성한 신비 의식의 해설자Hierophant,** 영적인 아버지Spiritual Father라 부르기도 하며, 더 일반적이고 확실한 칭호는 교황이다. 심지어 대수도원장이라 부르기도 했으며, 이럴 때는 여사제와 관련지어 대수녀원장Abbess 또는 수녀원장Mother of the Covent이라 불렀다. 둘 다 제멋대로 붙인 이름이다. (그림 속에) 형상화된 휘장은 로마가톨릭교회의 것이며, 이때 여사제는 교황과 사제

---

* 앞의 문장에서 옛 표장을 반박했기에, 이 문장에선 새로운 표장들이 무조건 옳다는 것에 대해서 반박한다.

** Hierophant 자체가 Hierophany와 관련이 있기에, 의미의 맥락을 정확히 말하자면 '신비 집전자'에 가깝다. 메이저 상징편 55~56쪽 참고.

들이 서원식이라는 영적 의식을 통해 신부新婦*로 맞이하는 교회 그 자체일 수밖에 없다. 그러나 나는 이 카드가 초기의 형태에서는 로마 교황을 나타내지 않았을 것이라고 생각한다.

6. **연인**The Lovers 또는 결혼Marriage. 이 상징 구성은 그 주제에서부터 알 수 있듯이 많은 변용을 겪었다. 처음에 고고학 연구계에 알려졌던, 18세기 당시 (제작) 양식을 감안한다면, 이 카드는 진짜로 결혼 생활을 뜻했다. 여기서 아버지와 어머니 사이에 자녀가 자리하는 것을 볼 수 있다. 위에서 화살을 쏘려 하는 이교도적인 큐피드는 당연히 잘못 적용된 표장이다. 큐피드는 사랑의 충만함과 그 사랑의 결실을 수호하는 것이 아니라, 사랑의 시작을 상징한다. 이 카드는 부부 신앙의 상징Simulacrum fidei**이라는 제목이 붙었는데, 그렇다면 언약의 표징인 무지개가 더 적절한 부수물이었을 것이다.*** 또한 카드의 모습들은 진실, 명예, 사랑을 의미했을 것으로 여겨지지만, 나는 이 의미들이 도덕적 교화를 추구했던 어떤 주석자가 내용을 윤색한 것이라 짐작하고 있다. 이처럼 카드는 여러 의미를 지니고 있지만, 다른 더 고차원적인 면도 있다.

7. **전차**The Chariot. 현존하는 몇몇 사본에서 전차는 두 마리의 스핑

---

* 원문은 동사로 married라고 했으나, 성경적으로 해석하자면 '결혼하다'나 '맺어지다'보다는 '신부를 맞이하다'라는 뜻이 더 종교적 맥락에 적합하다(예: 「요한의 묵시록」 21장).

** 1400년대 후반 이후 등장한 도상으로, 신 앞에서 하는 맹세/언약을 의미한다. 초기에는 신 앞에서 하는 맹세를 의미했지만, 시대가 흐르며 혼인 언약의 의미로도 쓰이기 시작했다. 이 도상은 최초의 기독교 카발라주의자인 조반니 피코 델라 미란돌라Giovanni Pico della Mirandola와 관계있다고 여겨지기도 하며, 자세한 내용은 밝혀진 바 없다. 글쓴이가 자신의 덱에서 이 카드에 에덴 동산을 배치했던 것을 생각해보면, '금기'(선악과)에 대한 약속과 언약을 이행하면 얻게 될 위대한 영광으로 바꿔서 이 카드의 원래 뜻인 '신과 맺은 약속'의 의미를 복원하려 했음을 추론할 수 있다.

*** 그래서 이 '가족의 언약'으로서 Simulacrum fidei의 의미는 10 *of* CUPS. 로 이동했다는 것을 알 수 있다.

크스가 끄는 모습으로 표현되며, 이 문장紋章은 이 카드의 상징성과 일치한다. 그러나 이를 이 카드의 원래 모습이라 생각해서는 절대 안 된다. 이는 특정한 역사적 가설을 지지하려 변용한 것이기 때문이다. 18세기에는 백마가 전차에 매여 있었다. 카드의 통상적인 이름은, 덜 중요한 자가 더 중요한 자를 대표하는 것을 의미한다.* 이는 승리를 누리는 진정한 왕의 전형이다. 다만, 이 승리는 자연스러운 결과로서 왕업을 창출하며, 네 번째 카드(황제)가 지니는 확립된 왕권이 아니다. 제블랭은 (이 자가) 겨울이라는 장애물을 격파하고 정복한 봄의 태양, 오시리스Osiris라고 말했다. 그러나 오늘날 우리는 죽음을 딛고 일어선 오시리스가 그런 상투적인 상징으로 묘사되지 않는다는 것을 알고 있다. 말 외에 사자, 표범 같은 다른 동물도 승리의 전차currus triumphalis**를 끄는 것으로 묘사되기도 했다.

8. 강인함 Fortitude. 이는 내가 뒤에 설명할 사추덕의 하나다. 여성의 모습은 대개 사자의 입을 닫고 있는 행동으로 알려져 있었다. 초기에 제블랭의 출판본에서, 여성의 모습은 명백하게 사자의 입을 벌리고 있는 모양새다. 전자가 상징성 면에서는 더 낫지만, 양쪽 모두 일반적으로 이해되는 힘의 예시이며, 통달함mastery(또는 통어統御)에 대한 발상을 전하고 있다. 카드에 그려진 모습은 자연 본연의 힘, 도덕적 힘, 그리고 모든 힘의 원리를 나타낸다고 알려져 있다.

9. 은둔자 The Hermit, 흔한 말로는 다음과 같이 통칭되고 있다. '그는 카푸친회 수사이며, 더 철학적인 언어로는 현자다.' (트럼프 메이저) 순서에 입각해서, 이 카드는 저 멀리 떨어진 진리와 먼저 걸어간 정의를 찾고 있다고 알려져 있다. 그러나 나중에 살펴보겠지만, 은둔자

---

* 원문은 'the lesser stands for the greater'.

** 전설상의 인물인 15세기의 연금술사 바질 발렌틴(바실리우스 발렌티누스)의 작품집 이름이기도 하다. '안티몬의 승리의 전차'는 광물에 포함된 많은 진정한 초월적 우수성을 대변하는 책이다. 존 하딩이 1600년경에 런던에서 번역 출간했다.

는 탐색의 카드라기보다는 달성의 카드다. 그의 등불은 오컬트학의 빛을 담고 있으며, 그의 지팡이는 마법 지팡이로 불린다. 모든 면에서 볼 때, 이러한 해석은 내가 곧 다루게 될 점술과 운세 해석의 의미와 비슷하다. 간악한 점은 두 가지 상징*이 대비밀 아르카나에 배정돼야 할 고차원적인 요소를 놓친 상태이나, 각각의 방식 안에서는 그 의미가 말이 된다는 점이다.** 이는 마치 모든 길은 높은 곳으로 이어지며, 하느님께서 모든 것의 가장 높은 곳에 계시다는 것을 마음속으로 알고 있는 사람이, 영속의 길이나 우매의 길 중 하나를 선택하여, 자신만의 달성의 길로 삼아야 하는 것과 같다. 엘리파스 레비는 이 카드를 (사추덕 중) '지혜Prudence'로 배정했지만, 이는 상징 체계하에서 생긴 공백을 채우려 했던 소망의 발로發露였다. 사추덕은 트럼프 메이저와 같은 형이상학적인 순번 구성에 필수적이다. 그러나 요즘처럼 천박한 저널리즘 시대에, 일반인을 대상으로 한 위안과 소비를, 사추덕 존재 목적의 최우선으로 삼으면 안 된다. 사추덕을 제대로 이해하자면, 비슷하게 재표현된 완덕의 권고Counsels of perfection***와

* 원문은 Diabolism of the both인데, both가 무엇을 지칭하는지 모호하다. 여기서는 등불과 마법 지팡이의 상징 체계에 대한 해석으로 상정해 번역했다.

** 고차원적인 상징을 놓친 채, 각자의 방식대로 상징을 해석해도 뜻이 만들어진다는 의미다.

*** 복음삼덕福音三德, 복음적 권고(청빈, 정결, 순명). 토마스 아퀴나스는 완덕에 이르는 단계를 두 단계로 나누어, 첫째는 필수적인 단계로 계명을 지키는 것이고, 둘째, 복음적 권고를 기쁜 마음으로 받아들여 지키는 실천이라 했다. 복음적 권고는 구원에 필수적인 요소는 아니지만, 그 정신은 누구에게나 필요하다. 복음삼덕은 그 뿌리가 애덕이며, 하느님을 사랑하고 이웃을 사랑하는 데 장애가 되는 요소들을 극복하는 데 도움을 준다. 복음삼덕은 특히 특징적 또 특정의 신분을 가지려는 사람에게 교회법으로 요구한다. 그리스도를 따르는 것은 의무 사항이 있고 권고 사항이 있다. 복음삼덕은 권고 사항이며, 자유 선택 사항으로서 그리스도께서 제시하신 완덕, 즉 진복팔단眞福八端(마태오의 복음서 5장 3-10절)에 이르는 수련 단계이다. 복음삼덕은 성 안토니오가 말한 대로 그리스도와 함께 숨쉬는 것이다. 참고로 복음적 권고는 수도사/수녀로 들어설 때 수행하는 수련 방법이다. 백민관, 『가톨릭에 관한 모든 것』, 가톨릭대학교출판부, 2007 참고.

상관관계가 있고, 각각은 다음과 같다. (a) 초월적 정의, 선악의 천칭에서 하느님(선)쪽에 추(분동)를 놓아 맞추어진 저울의 평형 상태. 해당 권고는 악마Diabolus와 많은 것이 걸린 내기를 할 때에는 조작된 주사위를 쓰라는 것이다. 해당 격언은 신이거나 아무것도 아니거나 Aut, Deus, aut nihil(God or Nothing)*다. (b) 신의 황홀경Divine Ecstasy, 절제 Temperance라 일컫는 것의 평형추(분동). 내 생각에, 모든 선술집 불이 꺼지는 것이 절제의 신호라 믿는다. 해당 권고는 오로지 아버지의 나라Kingdom of the Father에서 마실 새 포도주만 취하라는 것이다.** 왜냐하면 하느님께서는 모든 것 안에서 모든 것이 되실 것이기 때문이다.*** 해당 격언은 이성적 존재인 인간은 하느님께 도취돼야 한다는 것이며, 이에 해당하는 사례는 스피노자Spinoza다. (c) 고결한 굳건함Royal Fortitude, 상아탑이나 황금의 집 같은 상태인 것. 다만, 원수의 앞에서 굳건한 탑Turris fortitudinis a facie inimici****이 된 것은 인간이 아니라 하느님이며, 원수는 그 집에서 내쫓긴다. 해당 권고는 사람은 설령 죽음을 앞에 두고 있더라도 몸을 사리지 말아야 하지만, 희생은 자신의 목숨이 다하는 것들 중 최고의 방법임을 확신해야 한다는 것이다. 해당 격언은 기꺼이 자신을 버릴 만큼 고양시킨 힘은 하느님을 찾게 해줄 것이며, 이러한 사실을 피난처 삼아 의지하고 도전해 배우

* 빈센트 해트클리프Vincent Hattecliffe, 『신이거나 아무것도 아니거나, 우리가 분명히 경험하는 것의 실제 존재로부터 우리 시대와 국가의 무신론자들에 대한 신의 불가피한 필요성을 추론하는 12가지 명제로 구성된 논리적 방법』, 1659.

** "내가 너희에게 말한다. 내 아버지의 나라Kingdom of the Father에서 너희와 함께 새 포도주를 마실 그날까지, 이제부터 포도나무 열매로 빚은 것을 다시는 마시지 않겠다."(마태오 복음서 26장 29절)

*** "그러나 아드님께서도 모든 것이 당신께 굴복할 때에는, 당신께 모든 것을 굴복시켜 주신 분께 굴복하실 것입니다. 그리하여 하느님께서는 모든 것 안에서 모든 것이 되실 것입니다."(코린토 신자들에게 보낸 첫째 서간 15장 28절)

**** 라틴어 출전 ESTO MICHI DOMINE TURRIS FORTITUDINIS A FACIE INIMICI "당신께서는 저에게 피신처, 원수 앞에서 굳건한 탑이 되셨습니다."(시편 61장 4절)

라는 것이다. (d) 지혜는 자신이 왔던 곳으로 돌아갈 수 있게끔 가장 용이한 방식을 취하는 섭리이다. 이는 신성한 절감*과 관련한 교리이며, 공포와 강박으로 생긴 여러 기운의 보존과, 우리 삶이 (하느님께) 저지르는 명백한 무례함에 관련한 교리이다. 이에 해당하는 권고는 진정한 신중함(지혜)은 없어서는 안 될 한 가지와 관련이 있으며, 그 격언은 다음과 같다. "낭비하지 않으면 부족함이 없다."** 이 모든 것의 결론은 교환 법칙에 기초한 일종의 거래 제안이다. 곧, 신성 원리와 관련해 (최대한 개념을 낭비하지 않고 단순화한다면)*** 당신이 추구하는 것을 얻을 수밖에 없다는 것이다. 일종의 수요공급의법칙인 셈이다.**** 내가 지금 이를 언급한 이유는 다음과 같은 두 가지 간단한 문제 때문이다. (a) 마음의 공평함을 유지해갈수록, 현세를 더 불쌍한 낭비의 인생으로 끌고 가는 원인이 악행인지 저속한 행동인지를 헤아리는 것이 매우 어려워지는 경우가 있기 때문이다. (b) 또한 오래된 개념의 결함을 개선하려면 때때로 그 개념의 (지금까지 파생한) 일반적인 의미의 용어와 어구 들을 비워 없애는 것이 절실하게 필요하기 때문이다. 그래야 그(개념)들이 새롭고 더 적절한 의미를 받아들일 수 있다.

* 원문은 divine parsimony. 영국 프란치스코회 수도사인 오컴의 윌리엄이 말한 개념 절약 원리인 '오컴의 면도날'을 끌어와 쓰고 있다. '오컴의 면도날'은 다른 모든 요소가 동일할 때 가장 단순한 설명이 최선이라는 뜻이며, 이는 절대자에 대해 설명할 때에도 마찬가지로 적용된다. 여기서는 개념의 과잉을 배제하고 최대한 단순하게 개념을 정리하고 받아들이는 것이 진정한 지혜라고 주장하고 있다.

** 16세기 저명한 작사가이자 극작가인 리처드 에드워즈Richard Edwardes의 The Paradise of Dainty Devices에서 유래한 영국 격언. 사람이 결코 물건을 낭비하지 않으면 항상 필요한 것을 갖게 될 것이라는 뜻으로 쓴다.

*** 이 괄호 안의 내용은 맥락의 이해를 돕고자 추가했다.

**** '덜어내어 적절함을 만드는' 절제와는 다르게, 복잡한 현상을 최대한 단순하게 표현할 것을 주문한다. 개념을 응축해 일종의 잠언이나 상징을 만드는 것과 비슷한 방식으로 정리하는 셈이다. 이 대목은 최소한의 개념으로 현상을 설명하면 가장 많은 내용을 전달할 수 있다는 점에서 수요공급의법칙에 비유한 듯하다.

10. 운명의 수레바퀴 The Wheel of Fortune 최근 『카드 점 안내서*Manual of Cartomancy*』가 잉글랜드에서 꽤 인기를 끌고 있다. 이 책에는 세간의 호기심을 끄는 목적 말고는 아무것도 없는 내용이 엄청나게 흩어져 있는 가운데, 몇 가지 중요한 주제들도 섞여 있다. 가장 방대한 최신 판본에서는 한 단락을 할애해 타로를 다룬다. 내가 글쓴이의 의도를 올바로 이해했다면, 이 내용은 처음부터 끝까지 (도상으로서의) '운의 바퀴'를 다루었다. 책의 설명이 관습적이고 포괄적이기는 해도 (별다른) 이의는 없다. 이 도상의 의미는 전세계적으로 통용되며, 나는 이것이 지금까지 일반적인 점술에서 가장 적절한 이름으로 채택되지 않았다는 사실이 의아하기만 하다. 운명의 수레바퀴는 트럼프 메이저 한 장의 이름이기도 하다. (지금 읽는 책의) 부제로도 알 수 있듯이 이것이 우리의 진정한 관심사다. 최근 몇 년간 이(운의 바퀴 도상)에 대한 빼어난 설명들이 있었고, 그중 상징 체계를 재구성한 가설 하나는 시사하는 바가 있었다. 수레바퀴에는 7개의 바큇살이 있다. 18세기에는, 오르락내리락하는 동물들이 정말로 형언할 수 없는 특성을 지녔고, 그중에 하나는 인간 머리를 하고 있었다. 바퀴 맨 위에는 양 어깨에 날개를 달고 왕관을 쓴, 형체가 불확실한 또 다른 괴물이 있었다. 그 괴물은 발톱으로 두 개의 지팡이를 들고 있었다. 이것들은 (각각) 바퀴 위로 올라가는 헤르마누비스Hermanubis, 바퀴 맨 위에 웅크리고 앉아서 머리를 치켜든couchant 스핑크스, 그리고 아래로 내려가는 티폰으로 재구성되며 대체되었다. 이것(이러한 대체)은 가설을 지지하려 만들어낸 요소라는 점을 보여주는 또 하나의 예시다. 다만, 그 가설을 떼어놓고 본다면 이 군체들은 상징적으로 정확하며, 그렇게 취급하고 넘어갈 수 있다.

11. 정의 Justice. 타로는 고대(그리스 로마)부터 전통이 내려왔을 법한 합리성이 있음에도, 그 (문화의) 태생부터 함께하지 않았다는 것을 이 카드가 보여준다. 그랬다면 이 카드는 훨씬 더 고풍스럽게 표현되었어야 하기 때문이다. 하지만 이러한 것들에 대해 식견 있는 사람이라면 "그것이 얼마나 오래되었는가"는 이 문제의 본질이 아니라는

점을 당연히 알 것이다. 프리메이슨의 3급 장인이 하는 '로지를 닫는 의식'*은 18세기 후반 이래로 이어져왔지만, 아무 의미도 갖추지 못하고 있다. 이는 지금껏 (프리메이슨에서) 도입한 모든 공식적인 신비주의를 요약한다. 열한 번째 카드 속 여성의 모습은 (이 카드 이름과) 동일한 미덕을 상징했으며 동일한 상징으로 표현되었던 아스트라이아Astraiä로 알려져 있다. 이 여신과 세속적인(또는 세속적으로 다듬어진) 큐피드가 있지만, 타로가 그리스/로마 신화에서 비롯한 것은 아니다. 그러나 '정의'의 표현 방식은 대비밀 구조상 사추덕의 하나로 가정돼 있었다. 그렇게 해서 (정의, 힘, 절제가 있기에) 네 번째 (미덕의 의미를 설명할 수 있는) 표장이 필요한 상황이 벌어졌고, 주석자들은 이를 어떻게든 발견해야만 했다. 그들은 최대한 노력했으나 '지혜'의 자리가 배정돼 있는 (사추덕) 형식 안에서, 이 연구 규범은 행방불명된 페르세포네를 구출해내는데 성공한 적이 없었다. 제블랭은 절묘한 솜씨로 이 난제를 해결하고자 했고, 매달린 자The Hanged Man의 상징에서 그가 원하는 내용을 추출했다고 믿었다. 그도 자신을 속인 것이다. 그 결과로 타로는 정의, 절제, 강인함을 갖추고 있으나 기묘한 누락 탓에 어떤 형태로든 '지혜'를 제공하지 않는다. 다만, 일면적一面的으로는 은거하며 자신의 등불에 의지해서 고독한 길을 나아가는 은둔자가 조언을 받아들일 수 있는 자에게 '분별의 길Via Prudentiae**'에 대해 틀림없이 고차원적인 조언을 준다고 할 수도 있다.

* 로지를 여닫는 의식은 프리메이슨 입문자 훈련법의 하나로, 최고의 교훈을 주는 의식이자 독특한 목적의 통과의례다. 이 의식은 3단계로 진행되며, 로지를 여닫는 단계에 따라 입문자, 수련자, 숙련자로 프리메이슨 등급이 나뉜다. 그러나 실제로 내적인 목적이나 의미가 결여된 지극히 가벼운 격식의 하나로 간주되기도 한다. 여기서 글쓴이는 로지를 여닫는 의식이 현재는 의미가 실전된 채로 형식만 남게 되었다고 지적하고 있다. https://www.freimaurer-wiki.de/index.php/Opening_and_closing_the_lodge 참고.

** 이 구절은 가톨릭 전통의 하나인 오 안티폰O Antiphons에 근거하여 기술되었을 것으로 추정된다. 이는 대림절 마지막 7일간 사용되는 찬가다. 특히 저녁 기도에 사용되어, 해가 진 다음에 부르는 것이 관습이다. 안티폰은 12월 17일 〈오 지혜여〉로 시작한다. 본문의 '분별의 길'이란 〈오 지혜여〉에 있는 'Veni ad

12. 매달린 자 The Hanged Man. '지혜'를 표현하는 카드가 가정됐다면 이것이 바로 그 상징이다. 엘리파스 레비는 너무나도 피상적이지만, 그럴듯한 방식으로 이것이 자신의 서약에 묶인 숙련자라고 말한다. 남자는 한쪽 발목을 밧줄로 묶인 채, 교수대에서 머리가 아래를 향하도록 매달려 있다. 팔은 등 뒤로 묶여 있고, 한쪽 다리는 다른 쪽 다리 건너로 교차돼 있다. 또 하나의 가장 유력한 해석에 따르면, 그는 희생을 의미하지만, 현재 이 카드에 속하는 모든 의미는 카드 점술가의 직감(감)에 따른 결과로 보이며, 상징적인 측면에서 드러나는 실제 가치와 괴리가 있다. 타로를 유통시킨 18세기 점술가들은 이 카드를 조끼를 입고 있는 반쯤 여성스러운 젊은이로 묘사하고 있는데, 한쪽 발로 똑바로 서 있고 땅에 박힌 짧은 말뚝에 느슨하게 매여 있었다.

13. 죽음 Death. 표현양식의 체계가 대부분 일관적이며, 이 상징성의 세속적인 특성을 구현하고 있다. (묘사된) 장면은 생명의 들판이며, 평범한 초목이 펼쳐진 가운데 살아 있는 팔과 머리가 땅에서 튀어나와 있다. 그 머리 중 하나는 왕관을 쓰고 있으며, 거대한 낫을 든 해골이 그 머리를 베려 하고 있다. 이 카드에서 배제할 수 없는 명료한 의미는 죽음이다. 그러나 이 상징에 배정된 대체 가능한 의미는 변화와 변형이다. 다른 머리들도 이전에 그들이 유지한 자리에서 차례로 쓸려나갔지만*, 현재의 가장 명백한 의미에 한해, 더 정확히 말하자면, 이것은 왕들의 죽음에 대한 카드다. 실험적인 해석으로는 이 카드가

docendum nos viam prudentiae'라는 구절과 맥을 같이한다. 이를 번역하면 '오서서 우리에게 분별의 길을 가르쳐주소서'이다. 이 문장은 『구약성경』에서 솔로몬이 청한 지혜와 관계있다. "주 저의 하느님, 당신께서는 당신 종을 제 아버지 다윗을 이어 임금으로 세우셨습니다만, 저는 어린아이에 지나지 않아서 백성을 이끄는 법을 알지 못합니다. 당신 종은 당신께서 뽑으신 백성, 그 수가 너무 많아 셀 수도 헤아릴 수도 없는 당신 백성 가운데 있습니다. 그러니 당신 종에게 듣는 마음을 주시어 당신 백성을 통치하고 선과 악을 분별할 수 있게 해주십시오."(열왕기상 3장 7-9절)

* 죽음의 기수가 지나가며 모든 것을 시간순으로 베어버리는 속성을 비유적으로 묘사한 것.

신성한 영역에서 영혼의 상승, 창조와 파괴, 영원한 움직임 등을 의미한다고 알려져 있다.

14. 절제 Temperance. 날개 달린 여성의 모습을 하고 있으며 — 천사의 계급에 관한 모든 교리와 다르게, 이 인물은 보통 하느님을 보필하는 영이라는 지위에 있다 — 한 물병에서 다른 물병으로 액체를 붓고 있다. 파푸스 박사Dr. Papus는 타로를 다룬 최근의 책에서 기존의 형태를 버리고 이 카드를 이집트 머리 장식을 한 여성으로 묘사했다. 표면적으로 명확해 보이는 첫 번째는 이 상징 전체가 '절제'와 특별한 연관성이 없다는 것이다. 이 카드가 늘 '절제'라는 명칭으로 불렸다는 사실은 '의미 뒤에 숨은 의미'를 매우 명백하게 보여주는 예시이다. 이는 타로를 전체적으로 볼 때 중요하게 고려해야 하는 부분이다.

15. 악마 The Devil. 18세기에 이 카드는 단순히 동물적인 음탕함의 상징이었던 듯하다. 환상적인 머리 장식을 제외한다면, 주요 인물은 아무 치장도 하지 않은 채 벌거벗고 있다. 그 인물은 박쥐 같은 날개와 새의 발톱으로 표현된 손발을 지녔다. 오른손에 홀이 있는데, 그 끝쪽에는 불을 의미한다고 여겼던 문양이 있다. (일견) 전체적인 모습은 특별히 사악하지 않다. (그것은) 꼬리가 없으며, 주석자들은 묘사된 발톱이 하피와 같다고 되는대로 말했다. (하피 대신에) 독수리 발톱이라고 바꿔서 주장하는 것도 별다른 근거가 없고 낫지도 않다. 남녀한 쌍으로 추정되는 두 작은 악마가 목줄에 달린 끈으로 주요 인물이 앉아 있는 받침대에 묶여 있다. 이들에게 꼬리는 있지만, 날개는 없다. 1856년 이후로 엘리파스 레비와 그의 오컬트주의 교리의 영향을 받아 이 카드의 얼굴(주요 부분)*이 바뀌었고, 지금은 염소 머리와뿔 사이에 큰 횃불이 있는 가짜-바포메트 같은 인물이 보인다. 그는곧추선 대신 앉아 있으며**, 성기性器가 있어야 할 자리에 헤르메스의

* 원문은 face를 '얼굴'과 '카드의 주요 부분'이라는 중의적인 의미로 썼다. 두 의미를 모두 표현하고자 한다면 '인상'이라는 뜻으로 이해할 수도 있다.

** 원문 Erect. 직립은 인간만의 특성이므로 Stand 대신 이 표현을 써서 야수

지팡이 카두케우스가 있다.* 파푸스의 『타로 점술Le Tarot Divinatoire』에
서는 두 악마 대신 헐벗은 채 서로에게 묶여 있는 두 남녀가 그려져
있다. 파푸스는 그렇게 개량된 상징성을 자랑스럽게 생각해도 좋을
것이다.**

16. 번개 맞은 탑 The Tower Struck by Lightning. 이 카드의 다른 이름은
다음과 같다. "플루토스Ploutos의 성***, 하느님의 집, 바벨탑." 세 번
째 이름일 때, 탑에서 떨어지는 인물은 니므롯Nimrod과 그의 사제로
여겨진다. 이 카드는 틀림없이 혼란스러운 카드이며, 넓게 보면, 그
디자인(구성 요소)은 '하느님의 장소Maison Dieu'**** 외의 모든 지명
에 대응할 수 있다. 하느님의 집이 버려지고 성전의 장막이 찢겼다는
뜻으로 카드를 이해하지 않는다면 말이다. 이 카드가 솔로몬의 신전
을 파괴하는 모습을 뜻한다는 해석이 아직 나오지 않은 것이 약간은

성과 인성을 대비시켰다.

* 글쓴이는 이 부분 때문에 자신의 덱에서 카두케우스를 삭제하고 역오망성과
배꼽으로 분할해서 묘사했다. '성기의 생식력'을 '배꼽'으로, 마법적 의미를 '역
오망성'으로 분할한 것이다.

** 글쓴이 또한 악마를 소환하는 것은 결국 인간이고, 이에 동조하는 것 또한
인간의 자유의지이기에 여기에는 인간성이 부여된 상징이 들어가는 것이 옳
다고 여겨서 이에 동의하는 듯하다. 참고로 파푸스의 책에서는 아담과 이브를
연상케 하는 온전한 인간으로 묘사되어 있다.

*** 플루토스는 그리스신화에서 데메테르와 이아시온의 아들로, 풍요의 뿔과
함께 서 있는 어린 소년으로 묘사된다. 단테의 『신곡』 지옥편 제7곡에서 플루
토스는 지옥의 부富를 지키는 악마로 등장하며, 부를 축적하는 악을 상징한
다. 이 대목에는 '교황 사탄'을 언급하는 의미하는 부분이 나온다.

**** 여기서 글쓴이는 House of God과 Maison Deus를 구분해서 쓰고 있다.
Maison Deus는 프랑스어에서 유래한 단어로, 14세기 교회와 수도원에서 설
립한 구호기관을 가리키는 말이다. 그러나 글쓴이는 여기서 '하느님의 거처'와
'하느님이 나타나신 곳'을 구분해서 쓴 듯하며, 이 의미에 한정한다면, 이러한
성경 구절은 창세기에서 찾을 수 있다. "야곱은 잠에서 깨어나 '진정 주님께서
이곳에 계시는데도 나는 그것을 모르고 있었구나' 하면서, 두려움에 싸여 말
하였다. '이 얼마나 두려운 곳인가! 이곳은 다름 아닌 하느님의 집이다. 여기가
바로 하늘의 문이로구나."(창세기 28장 16-17절)

놀랍다. 그 해석에서는 번개가 칼데아Chaldees의 왕이 그곳을 찾았을 때의 불과 검을 상징할 수 있는데도 말이다.*

17. 별 The Star, 천랑성Dog-Star, 시리우스Sirius, 마법사의 별이라는 훌륭한 표현으로 일컬어지기도 한다. 빛나는 일곱 개의 별이 주위에 모여 있고, 별 아래로 벌거벗은 여성의 모습이 보인다. 여성의 왼쪽 무릎은 지면 위에, 오른쪽 발은 물에 놓여 있다. 여성은 두 개의 용기로 액체를 붓고 있다. 여성 근처 나무 위에 새가 한 마리 앉아 있는데, 후대의 몇몇 카드에서는 장미 위의 나비로 대체했다. 그래서 그 별은 '희망의 별'이라고도 일컬어졌다. 이 카드는 제블랭이 전적으로 이집트의 것(기원설)을 (지지하며), 그 자신만의 몽상 속에서 묘사한 카드 중 하나다.

18. 달 The Moon. 일부 18세기의 카드는 지고 있는 달을 묘사한다고 한다. 에틸라의 열화된 판본에서는, 별들의 천국을 꾸리고 한밤중에 떠오르는 풍요로운 만월이며, 최근 판본에서 이 달은 점차 차오르는 모습을 보이고 있다. 대부분의 표현 방식에서 이 달은 밝게 빛나며, 땅을 비옥하게 해주는 이슬을 방울방울 흘리고 있다. 달 아래에는 두 개의 탑이 있고, 그 사이로 지평선 끝까지 감아돌고 있는 길이 있다. 개 두 마리, 또는 개와 늑대 한 마리씩이 달을 보며 으르렁대고 있다. 전경에는 물이 있고, 가재가 뭍으로 움직이고 있다.

19. 태양 The Sun. 더 오래된 카드에서 태양은 굽은 광선과 뾰족하게 튀어나온 광선이 번갈아 나오는 주된 광선과, 중심에서 튀어나오는 부차적인 광선들로 구분됐다. 태양은 빛과 열뿐만 아니라 달과 마찬가지로 이슬 방울을 통해서 그 영향력을 대지로 내뿜고 있는 듯하다. 제블랭은 자신이 달의 이슬 방울을 이시스Isis의 눈물이라 이름 붙인 것과 동일하게 태양의 이슬 방울에도 황금과 진주의 이슬방울이라

---

* 『구약성경』 속 바빌론 유수를 일컫는다. 글쓴이는 이로써 네부카드네자르(느부갓네살)가 꾸었다는 두 가지 꿈과 알비파 기원론을 연관짓고 있다.

이름 붙였다. 천랑성 아래에는 울타리를 암시하는 벽 ― 벽으로 둘러싸인 정원일 수도 있다 ― 이 있다. 그 안에 벌거벗거나 가벼운 옷을 입고 물가를 향해 폴짝거리거나 손을 잡고 달리는 두 아이가 있다. 엘리파스 레비는 이 (상징)들이 때때로 실 잣는 자가 운명을 푸는 것으로 대체됐고, 그렇지 않을 때는 훨씬 더 좋은 상징인, 진홍 깃발을 들고 백마에 올라탄 벌거벗은 아이로 대체됐다고 말한다.

20. 최후의 심판 The Last judgment. 나는 이 상징에 대해 이미 언급한 적 있다. 그 형태는 근본적이며, 심지어 에틸라 덱에서조차도 변함이 없다. 천사가 "만방의 무덤 사이로Speulchra regionum"* 지나가며 경이로운 나팔을 불고 죽은 자가 되살아난다. 에틸라가 천사를 생략하거나 파푸스가 황당한 모습으로 인물을 대체하는 것은 (이 카드에서) 그다지 문제가 되지 않는다. (어쨌든) 이는 최신 작업에 딸린 타로 세트의 보편적인 모티프를 해치지 않기 때문이다.** 카드 이름, 그리고 눈으로 보이는 그림들이 형성하는 상징의 명쾌한 해석을 거절하기에 앞서, 우리는 우리의 입장을 확고히 해야 한다. 적어도 표면적으로는 이 카드는 우리가 이미 여섯 번째 카드(원문은 여덟 번째Eighth이지만, 여섯 번째 카드인 연인 카드를 지칭하는 것으로 보인다)에서 만난 아버지, 어머니, 아이로 구성된 3인조의 부활을 다루고 있을 뿐이라는 점이 분명하다. 부르제아M.Bourgeat는 이 카드를 ― 다른 어떤 표식도 없지만 ― 진화의 상징이라고 제안하는 도박수를 두었다. 다른 사람들은 이 카드가 재생을 의미한다고 했으며, 이는 충분히 명백한 주장이다. 곧, 이 카드는 인생의 세 부분이며 '대지의 생식력 그리고 영원한 삶'을 의미한다고 말한다. 제블랭은 늘 그렇듯이, 묘비를 생략한다면 이 카드는 창조의 상징으로 취급할 수 있으리라는 점을 지적하면서

---

* 가톨릭교회 장례미사Requiem의 부속가인 Dies irae의 구절. 원전은 "Tuba mirum spargens sonum, Per sepulcra regionum"으로, 그 뜻은 "경이로운 나팔소리가 만방의 무덤 사이로 울려퍼지며"이다.

** 이 카드가 '최후의 심판'을 묘사한다는 성경 기록에 모두 동의하고 있기 때문에 자잘한 상징 변화는 크게 영향을 못 끼친다는 뜻이다.

자가당착에 빠졌다.

21. 바보 The Fool, 미치광이Mate, 어리석은 자Unwise Man. 대부분의 덱에서 이 카드는 0번 카드, 즉 숫자 없는 카드다. 제블랭은 이 카드를 모든 카드보다 앞쪽에 배치해, 숫자 순서에 따라 예상할 수 있는 0번 또는 음수 카드로 취급한다. 이 순서가 더 간단하므로, 더 나은 순서라 할 수 있다. 그러나 이런 배치 순서는 이후 폐기됐다. 왜냐면 후대에 이르러 카드들이 히브리 알파벳 문자에 대응되면서, 모든 숫자로 문자를 표현하는 구성 체계* 안에서는 0이라는 상징을 만족스럽게 배정하기 어려워졌기 때문이다. 최근의 참조에 따르면 이 카드에 해당하는 문자는 Shin인데, 이는 200에 해당하지만 카드에서 이를 나타내기에는 난점과 불합리함이 남는다. 진실은 카드의 진정한 순서는 누설된 적 없다는 것이다. 바보는 돈주머니를 들었고, 뒤를 돌아보고 있어 자신이 절벽 끝에 있다는 것을 알지 못한다. 하지만, 개 또는 어떤 동물(호랑이라고 하는 사람도 있다)이 뒤쪽에서 공격하고 있기 때문에 그는 아무것도 알지 못한 채 자신의 파멸을 향해 서둘러 나아가고 있다. 에틸라는 이 카드에 모자, 방울, 그리고 얼룩덜룩한 옷을 입고 있는 궁정 어릿광대의 모습을 입혀 일반적으로 널리 이해하기 쉬운, 정당한 변화를 주었다. 다른 해석으로는 돈주머니 속에는 그 주인의 어리석음과 악함이 들어 있다고 말하기도 하는데, 이러한 설명은 즉물적이면서도 자의적인 해석으로 보인다.

22. 세계 The World, 우주the Universe, 시간Time. 「요한의 묵시록」과 「에제키엘서」의 환시에 등장하는 네 생물이 타원형의 화환을 마치 그것이 모든 지각 가능한 것을 상징하는 것처럼 둘러싸고 있다. 이 생물들은 기독교적 상징으로는 복음서 저자를 뜻한다고 간주된다. 화환 안쪽에 여성이 보이며, 바람이 불어 여성의 허리에 천이 휘감겨 있다. 그녀가 두른 것은 그 천뿐이다. 여성은 춤을 추고 있으며, 양손

---

* 게마트리아 등 히브리어 문자열에 기반한 수비학을 말한다.

에 지팡이를 하나씩 들고 있다. 이는 감각적인 삶의 소용돌이, 육체에서 얻은 기쁨, 지상 낙원에서 영혼이 도취된 이미지를 대변(표출)한다. 그러나 여전히 신성한 감시자*들이 마치 신성한 이름, 테트라그라마톤JVHV의 힘과 은총에 의한 것처럼 (모든 것을) 지켜보고 있다. 이 형언할 수 없는 네 글자(JVHV)는 때때로 신비한 짐승들로 여겨진다. 엘리파스 레비는 화환을 왕관이라고 일컬었고, 그림 속 여성이 진리를 의미한다고 말했다. 파푸스는 이 카드를 '절대 질료로서의 신Absolute'과 위대한 작업Great Work의 실현에 연관지었다. 또 다른 사람들은 이 카드가 인간성의 상징이며, 좋은 삶을 산 것에 대한 영원한 보상이라고 말한다. 화환은 네 구역으로 나뉜다. 각 구역을 네 개의 꽃들이 눈에 띄게 표시하고 있다는 사실을 주목해야 한다. 폴 크리스티앙Paul Christian**은 화환은 장미로 이루어져야 한다고 했다. 그리고 엘리파스 레비가 이르길, 이는(장미 화환은) 철을 엮은 사슬보다 끊어내기 어렵다고 한다. 어쩌면 정반대일 수도 있겠지만, 같은 이유로, 성 베드로의 철관***이 교황의 머리 위에서는 왕들의 황금관보다 가벼울 것이다.

---

* 원문은 Divine Watchers. 묵시록의 네 동물을 말한다. 이 카드의 의미 맥락상 드러날 수 없는 모든 것이 현재에 드러나는 것을 뜻한다.

** 본래 이름은 장바티스트 피투아Jean-Baptiste Pitois다.

*** 문맥상 롬바르디아 철관인 듯하다. 세속 통치와 교권 통치를 초월하는(신정분리를 초월하는) 지점을 비유한 것이다.

제3장 분류 2. 네 수트 또는 소비밀 아르카나

THE FOUR SUITS Otherwise, Lesser Arcana

트럼프 메이저 22장에 관한 해석의 원천은 (모두 풀리지 않았다면) 풍부하기에 그 상징성은 의심할 여지가 없다.

남은 것은 네 수트다. 이 주제에 관한 고고학적 연구 가설에 따르면, 현대 카드에서 다이아몬드로 바뀐 완드(지팡이) 또는 홀*, 하트에 해당하는 컵, 기사 계급의 무기로써 농민의 단봉 또는 알자스인의 둔기와 관계있는 곤봉이라 말할 수 있는 검, 끝으로 스페이드의 초기 모습인 화폐Money나 드니에Deniers**라 불리는 오망성Pentacles이 그 넷***이다. 옛 수트와 마찬가지로 새 수트에도 10개의 번호가 매겨진 카드가 있다. 그러나 타로에는 각각 수트에 할당된 왕, 여왕, 나이브 Knave에 기사를 추가한 코트Court 카드 네 장이 있다. 나이브는 종자 page, 시종valet, 다무아조damoiseau이며, 가장 정확하게는 기사의 시중을 들고 있는 것으로 추측되는 향사Squire다. 하지만 종자가 궁정 시녀maid of honour가 되어, 코드 카드의 성별을 맞춘 몇몇 희귀한 세트도 있다. 몇몇 그림과 관련해서 유별나게 드러나는 특징이 있는데, 내 말은 완드의 왕과 컵의 왕이 완전히 똑같은 인물은 아니라는 뜻이다. 심지어 카드가 서로 다른 표장을 지닌다는 점을 참작하더라도 그

---

* 글쓴이는 자신의 다른 책인 『숨겨진 교회와 성배*The Hidden Church of the Holy Graal*』(1909)에서 완드와 다이아몬드가 대응되는 이유를 밝혔다(603쪽). 그는 완드/홀이 창Spear과 랜스Lance에 대응하며, 다이아몬드는 이런 무기들의 머리 부분이라 말하나, 정작 라이더-웨이트 덱에서 완드 수트는 창대가 아닌 쿼터스태프quarter-staff처럼 묘사되었다.

** 과거 프랑스의 통화 단위였던 동전이다.

*** 그의 다른 책인 『카드 점 안내서』에는 검을 스페이드에, 오망성을 클럽에 대응하고 있다.

렇다*. 그럼에도 상징성은 그 카드가 속한 계급과 수트에 귀속돼 있다. 따라서 현 시대까지 한 번도 그림으로 발행된 적 없는 이 작은 카드들은 그 카드에 붙은 숫자와 속한 수트의 조합에 연계된 특정 의미에 의존하고 있다. 따라서 나는 이 작업에 소비밀에 대한 세부 사항에 대해서는, 내가 제2부에 수록한 개정된 카드에 대해서 이야기한 뒤로 언급을 미룰 것이다. 큰 상징과 작은 상징에 부여되어 있는 점술적 의미들에 대해서는 제3부에서 다룬다.

* 글쓴이는 같은 인물에 수트만 바꿔 그린 것이 아니라, 원래부터 서로 완전히 다른 인물이라는 점을 강조하고 있다.

제4장 역사 속의 타로

THE TAROT IN HISTORY

바로 다음으로 살펴볼 주제는 역사 속의 타로카드다. 머리말에서도 이야기했듯이 오컬트를 연구하는 학파 안에서 끊임없이 확대재생산해왔던 억측과 몽상을 마침내 없애버리고자 한다.

이 논의를 시작하기에 앞서, 우리 관심사의 일부일 뿐인 (이미 존재하는) 고대 카드의 여러 세트 또는 순서가 있었다는 점을 염두에 둘 필요가 있다. 파푸스가 쓰고 내가 불완전한 번역을 교정한 『보헤미안 타로』에 이 주제와 관련해 유용한 정보가 담겨 있고, 몇몇 연도와 고고학적 증거의 누락을 제외하면 일반 독자에게는 충분히 유용할 것이다. 나는 여기서 그 내용을 어떤 식으로든 확장시키는 것을 제안하는 바는 아니지만, 특정 내용을 추가하고 뚜렷한 방식으로 보여주는 것은 바람직해 보인다.

고대 카드 중 타로와 관계있는 것은 전통적으로 안드레아 만테냐Andrea Mantegna의 저명한 발디니Baldini의 카드를 최초로 꼽지만, 이 견해는 현재 일반적으로 부정되고 있다. 발디니 카드의 제작 연대는 약 1470년경으로 추정되며, 유럽에 남은 소장품은 4점을 넘지 않는 듯하다. 1485년에 언급된 이 카드의 복제본이나 재생산본 또한 비슷하게 희귀할 것이다. 한 세트에는 50개의 숫자 카드가 포함되며, 각 카드는 5개의 데너리Denary 또는 10개의 서수序數(Ace~10까지 순서대로 묶인) 묶음으로 나뉜다.

기법적으로든, 우연으로든 이 카드가 게임 목적으로 사용된 기록은 없는 것으로 보인다. (또한) 이 카드는 점술이나 어떤 형태의 점법 용도로도 활용될 수 없었다. 반면 이 카드의 디자인은 명백히 도상적이어서, 여기에 심오한 상징적 의미를 부여하는 것은 지적知的으로 게으른 일이다.

첫 데너리는 다음과 같은 인생의 조건Condition of Life을 나타낸다.

(1) 거지The Beggar, (2) 시종the Knave, (3) 장인the Artisan, (4) 상인the Merchant, (5) 귀족the Noble, (6) 기사the Knight, (7) 총독the Doge, (8) 왕the King, (9) 황제the Emperor, (10) 교황the Pope.

두 번째 데너리에는 뮤즈Muse와 그들을 이끄는 신이 포함된다. (11) 칼리오페Calliope, (12) 우라니아Urania, (13) 테르프시코레Terpsichore, (14) 에라토Erato, (15) 폴리힘니아Polyhymnia, (16) 탈리아 Thalia, (17) 멜포메네Melphomene, (18) 에우테르페Euterpe, (19) 클리오Clio, (20) 아폴로Apollo.

세 번째 데너리는 교양 학문Liberal Arts 일부와 과학, 여러 분야의 학문이 섞여 있다. (21) 문법학Grammar, (22) 논리학Logic, (23) 수사학Rhetoric, (24) 기하학Geometry, (25) 산학Arithmetic, (26) 음악Music, (27) 시Poetry, (28) 철학Philosophy, (29) 점성학Astrology, (30) 신학 Theology.

네 번째 데너리는 남은 교양 학문을 담고 있고, 미덕을 나열한다. (31) 천문학Astronomy, (32) 연대학Chronology, (33) 우주론Cosmology, (34) 절제Temperance, (35) 지혜Prudence, (36) 힘Strength, (37) 정의 Justice, (38) 사랑Charity, (39) 희망Hope, (40) 믿음Faith.

마지막 다섯 번째 데너리는 하늘의 체계를 보여준다. (41) 달Moon, (42) 수성Mercury, (43) 금성Venus, (44) 태양Sun, (45) 화성Mars, (46) 목성Jupiter, (47)토성Saturn, (48) 제8천第八天, A Eighth Sphere, (49) 제 1동체第一動體, Primum Mobile, (50) 최초의 원인原因, First Cause(신).

우리는 여기서 완전한 타로 구조를 추출하려는 헛된 시도는 배제해야 한다. 예를 들어 인생의 조건을 트럼프 메이저, 뮤즈는 오망성, 덕목은 컵, 교양 학문과 과학은 컵, 미덕 등은 완드, 사람들의 계급은 검에 해당한다고 주장하는 것을 삼가야 한다. 이런 주장은 머릿속에서 왜곡된 과정을 거쳐 탄생하지만, 현실적으로 다룰 만한 구석이 없다*. 이와 함께 각각의 카드가 특정한, 심지어 현저한 유사성을 보이지 않는다는 것도 불가능에 가깝다. 발디니의 왕, 기사, 나이브는 마

---

* 글쓴이는 이로써 파푸스의 『보헤미안 타로』를 논박하고 있다.

이너 아르카나에 있는 코트 카드를 떠올리게 한다. 황제, 교황, 절제, 힘, 정의, 달, 태양 카드는 만테냐와 타로 묶음의 트럼프 메이저*에서 공통적으로 나타난다. 이 카드들에는 거지와 광대, 금성과 별, 화성과 전차, 토성과 은둔자, 심지어 목성 또는 최초의 원인 카드를 세계 카드와 연결지으려 하는 경향성 또한 있다**. 그러나 만테냐 세트 안에서 트럼프 메이저의 가장 두드러진 특징을 찾아내기에는 많이 미흡하다. 나는 만테냐 세트의 카드 순서가 후대의 다른 카드의 순서를 창출했다고 생각하지 않는다. 로맹 메를랭Romain Merlin은 이 주장을 견지했으며, 발디니 카드를 14세기 말의 것으로 지정했다.

만약 우연적이고 산발적인 상황을 제외한다면, 발디니의 표상적이거나 알레고리를 지닌 그림들은 타로카드와는 매우 희미하고 간헐적인 연관성을 지니며, 그 그림들이 제작된 것으로 가장 유력하게 추정되는 연도나 어떠한 제작 동기를 찾을 수 있는가와는 별개로, 우리는 (그림에) 관계된 상징의 기원이 되는 장소와 시대를 찾아야 할 뿐만 아니라, 이 주제의 첫 구슬을 꿰기 위해 유럽 대륙에서 (그 그림들이) 출현한 구체적인 사례를 (역사적인) 전후 관계를 막론하고 찾는 작업이 이루어져야 한다. 1393년 화가 샤를 그링고누르Charles Grin-gonneur — 알 수 없는 이유로 어떤 그저 그런 영국 작가에게 오컬트주의자와 카발라주의자라 불렸던 — 는 프랑스 왕 샤를 6세의 정신 건강이 좋지 않았을 때 기분 전환을 위해 몇 종류의 카드를 디자인하고 채색한 것으로 잘 알려져 있다. 이에 대해, 그 카드에 대해 확인할 수 있는 사실이 있는가, 라는 질문이 나오게 된다. 유일하게 존재하

---

* 글쓴이는 트럼프 메이저라 칭하며 트럼프 마이너도 있는 것처럼 말하는데, 이는 그가 코트 카드를 지칭하려 다른 자신의 책에서 트럼프 마이너라는 표현을 썼기 때문이다. *Occult Review 1926. January.* p. 11-19.

** (글쓴이 주) 거지 카드는 거의 헐벗은 모습을 하고 있으며, 두 마리의 개가 있고, 그중 한 마리가 다리를 향해 달려드는 것처럼 보인다는 사실이 유사성을 뒷받침한다. 화성The Mars 카드는 검을 든 전사가 덮개 달린 전차에 타고 있는 모습을 그리고 있지만, 전차를 끄는 말은 존재하지 않는다. 물론 발디니 카드가 15세기 말의 카드라면 이는 문제가 되지 않는데, 훨씬 이전부터 유럽에 타로카드가 알려져 있었기 때문이다.

는 해답은 파리 왕실 도서관Bibliothèque du Roi에 종이 위에 그린 뒤 채색한 17장의 카드가 있다는 것이다. 이 카드는 매우 아름답고, 오래되었고, 귀중하다. 그 그림은 황금색 배경에 은테를 둘렀지만 글자나 숫자는 쓰여 있지 않다.

하지만, 이 카드에 타로카드의 메이저 카드가 일부 포함되어 있다는 것은 확실하다. 그 목록은 바보, 황제, 교황, 연인, 운명의 수레바퀴, 절제, 강인함fortitude, 정의, 달, 태양, 전차, 은둔자, 매달린 남자, 죽음, 탑, 그리고 최후의 심판이다. 또한 베네치아의 코레르 박물관 Musee Carrer에는 타로카드 네 장, 다른 곳에 타로카드 다섯 장이 있어 총 아홉 장의 카드가 있다. 그중에는 종자page 또는 나이브 두 장, 왕 세 장, 여왕 두 장이 있어, 마이너 아르카나를 그린 것이다. 이 소장품들은 그링고누르가 제작한 세트에 포함된다고 판명되었지만, 그 사실은 한참 뒤인 1848년까지도 논란이 있었다. 심지어 타로가 오래되었다고 증명하고자 열을 올리는 사람들조차도 오늘날 그 사실을 내세우지는 않는다. 그 카드는 모두 이탈리아에서 유래했고, 적어도 몇 장은 베네치아에서 만들었다는 것이 정설이다. 이제 이렇게 우리는 적어도 우리가 찾던 장소에 관한 출발점을 손에 넣었다. 더 나아가 베네치아의 타로는 오래된, 진정한 형태이며 다른 모든 타로의 모태라는 주장이 제기됐다. 그러나 나는 완전한 메이저와 마이너 아르카나는 훨씬 지난 후대에 만들어졌다고 추론한다. 베네치아의 타로는 78장의 카드로 구성된다.

베네치아의 타로에 대한 선호가 있지만, 민치아테Minchiate* 또는 피렌체Florentine 세트의 일부는 1413~1418년 사이에 만들었다고 인정받는다. 그들은 한때 밀라노의 곤차가Gonzaga 백작 부인 소유였다. 완전한 민치아테 덱에는 97장의 카드가 들어 있었으며, 이렇게 흔적이 남았음에도 일반적으로 이 덱은 후대에 발전된 것으로 간주한다. 민치아테 덱에는 41장의 트럼프 메이저가 있었다. 남은 카드

---

* 『타로 백과사전The Encyclopedia of Tarot』의 1권 91쪽 및 2권 153쪽에서 스튜어트 카플란Stuart Kaplan은 이 불완전한 민치아테 카드를 비스콘티Cary-Yale Visconti 카드로 추정했다.

는 발디니의 (기타) 표상적인 카드에서 빌려오거나 그 카드를 반영한 것이다. 마이너 아르카나의 코트 카드에서, 기사는 켄타우로스와 비슷한 괴물이었다. 나이브는 어떤 때는 전사였으며, 어떤 때는 시종Serving man이었다. 또 다른 특징은 기독교 중세 사상이 널리 퍼져 있고 동양적인 (해석의) 여지가 전혀 없다는 것이다. 하지만, '타로 카드에 동양적인 흔적이 존재하는가?'라는 의문은 여전히 남는다.

우리는 결국 볼로냐 타로Bolognese Tarot에 도달했다. 이 덱은 때때로 베네치아에서 유래했다고 전해지고, 메이저 트럼프가 온전히 있지만, 20번과 21번의 순서가 바뀌어 있다. 마이너 아르카나에서는 작은 카드small cards 2, 3, 4, 5번이 생략되어 있어, 볼로냐 타로는 총 62장의 카드로 구성된다. 트럼프 메이저가 최후의 심판으로 종결된다는 점은 상징성 면에서 매우 흥미롭고 약간은 특징적이다. 그러나 볼로냐 덱에서 언급할 만한 것은 이게 전부다. 15세기 초 무렵 도시에 살고 있던, 유배당한 피사의 대공Prince of Pisa이 이 덱을 창조(또는 타로라는 측면에서 더 정확히는 개량)했다는 것을 제외하고는 말이다. 1423년에 시에나의 성 베르나르디노St. Bernardino가 플레잉 카드와 기타 다른 도박을 비판하는 사실로, 이 카드의 사용 목적을 충분히 짐작할 수 있다. 40년 뒤 에드워드 4세 시대에는 영국으로 타로카드를 수입하는 것이 금지된다. 이것이 영국에서 타로가 명백하게 기록된 첫 번째 사례다.

위에서 열거한 세트의 완벽한 견본에 대해 논의하기란 어렵지만, 상세한 예시와 그림 설명을 찾기는 어렵지 않다. 다만, 그 글쓴이가 오컬트주의자가 아니라면 말이다. 그들이 내놓는 정보는 대개 불완전하고 모호하며, 중요한 쟁점을 흐리게 만드는 사안에만 치중하고 있기 때문이다. 대표 사례가 만테냐 사본 — 내가 계속 이런 식으로 격식을 갖춘 표제를 붙이는 것에 양해를 바란다 — 에 표현된 특정 견해에서 드러난다. 앞서 보았듯이, 아홉 뮤즈와 아폴론이 오망성과 (연관해) 일치한다는 주장은 오컬트적 몽상으로 판정됐다. 이 연관성은 실무 연구에서 확인되지 않았으며 천문학, 연대학, 우주론 카드를 컵 수트에 배치하는 그 몽상은 차라리 악몽에 가깝다. 그러한 주제를 나타내는 발디니의 그림에 드러나는 형상들은 타로와 같은 상징이 아니라 (그저) 그 시대의 표상이다.

결론적으로 나는 트럼프 메이저가 원래는 번호가 매겨진 수트들과 관계없었으리라 여기는 경향이 전문가 사이에 있었으리라 본다. 이를 두고 내 개인 견해를 제시하고 싶진 않다. 나는 운이 작용하는 게임의 역사에 대한 전문가가 아니며, 점술적 수단의 범속성凡俗性, profanum vulgus을 싫어한다. 그러나 이후 연구에서 그 경향성이 정당화될 수 있는 준비가 돼 있다면, 그것이 대비밀에 관련해서는 훨씬 더 좋은 일이 될 것이라고 강조하겠다. 단, 운세 보기의 훌륭한 옛 기술 및 운세 보기가 이른바 운명에 간섭한다는 내용이 아니라면 말이다.

지금까지 타로카드의 역사적 측면에 대한 사전 지식으로 반드시 필요한 내용을 이야기했다. 이제 나는 이 주제에 대한 추론적인 면을 다루며 그 가치를 평가할 것이다. 『보헤미안 타로』 머리말에서 나는 타로카드에 대한 사실을 처음으로 소개한 작가는 고고학자 제블랭이라고 말했다. 그는 프랑스혁명 직전에 수년에 걸쳐 4절판 크기의 책 9권에 달하는 그의 책 『태초의 세계Le Monde Primitif』를 집필했다. 제블랭은 당대에 학식 있는 사람이자 높은 등급의 프리메이슨이었다. 역사적인 필라레테스Lodge of the Philalethes 지부 회원이었고, 그러한 주제를 다루는 학문이 존재하기도 전에 세계의 유물에 대한 토론에 한평생 많은 관심을 보인 거장이었다. 내가 앞서 언급한 책에 수집된 그의 기록과 학술 논문은 오늘날까지도 소장 가치가 있다. 제블랭은 우연히도 아직 파리에 타로가 잘 알려지지 않았을 시절에 타로카드를 접하게 됐다. 그는 곧바로 타로카드가 이집트에서 제작된 책의 유물이라 믿게 됐다. 제블랭은 타로에 대한 조사를 시작했고, 카드가 유럽 곳곳에서(스페인, 이탈리아, 독일, 프랑스 남부)에서 꽤 널리 유통되고 있다는 사실을 확인했다. 그 카드는 플레잉 카드를 일반적으로 쓰이듯 기술을 쓰거나 운을 시험하는 게임에서 쓰이고 있었다. 그는 추가로 게임 방법도 확인했다. 그러나 타로카드는 더 고차원적 목적인 점술 또는 운세 보기를 목적으로도 쓰였다. 제블랭은 박식한 친구의 도움을 받아 카드의 중요성, 이러한 목적으로 쓰고자 도입된 배열법을 발견했다. 간단히 말해, 그는 우리의 지식에 뚜렷한 공헌을 했다. 그의 연구 결과는 아직도 참고 자료로 쓰인다. 제블랭이 관측한 사실에 한해서는 그렇다. 그렇지만 그가 사랑해 마지않던, 타로가 온전히 이집트의 교리를 담고 있다는 가설에 대해서는 그렇지 않다. 그러나 그는 오늘날 오컬트학 학파들 곳곳에 널리 퍼져 있는 견해를 수립했고, (이 때문에) 신비와 환상, 기묘한 신들의 밤, 알려지지 않은 말(주문)들, 해독되지 않아 18세기 후반에는 이집트를 상징했던 상형문자 사이를 헤매다가, 카드의 기원은 사라져 버렸다. 프랑스의 한 특별한 학자가 이러한 생각을 했고 이는 대체로 이해하고 공감할 수 있다. 삼각주와 나일강에 인접한 그 국가가 그가 몰두하던 학문에 존재감을 드러내기 시작했을 때였고, "모르는 것은 전부 이집트에서 왔다omne ignolum pro Aegyptiaco"라는 견해는 많은 학자가 빠질 만큼 매혹적인 선택지였기 때문이다. 그 당시에는 용납할 수 있는 일이었으나, 광기는 이어졌고, 오컬트학이라는 집단 안에서 홀린듯이within charmed 계속 구전으로 내려왔다. 이에 대해서는 변명의 여지가 없다. 그러므로, 제블랭이 자신의 논지를 뒷받침하고자 제시한 증거를 살펴보자. 또한, 공정하게 판단하고자 나는 그 증거를 제블랭 자신의 말대로 요약할 것이다.

(1) 게임 그림과 배열은 명백히 알레고리적이다. (2) 그 알레고리는 고대 이집트의 도덕, 철학, 종교적인 가르침과 일치한다. (3) 카드가 현대의 것이라면 대비밀 아르카나에 여사제를 포함하지 않았을 것이다. (4) 여사제 카드의 인물은 이시스의 뿔을 달고 있다. (5) 황제*란 이름이 붙은 카드는 삼중 십자가가 끝에 달린 권장權杖, sceptre을 들고 있다. (6) 이시스에 해당하는 달이라는 이름이 붙은 카드에서 천체는 빗방울 또는 이슬방울을 흘리고 있는데, 이는 앞서 설명했듯 나일강을 불어나게 하고 이집트의 토양을 비옥하게 만든 이시스의 눈물이다. (7) 열

* 글쓴이의 오류다. 본래는 대제사장이어야 한다.

일곱 번째 카드, 또는 별 카드는 천랑성 시리우스로, 이시스와 동일시됐으며 한 해의 시작을 상징했다. (8) 타로카드를 쓰는 게임은 이집트에서 중요하게 여겼던 숫자인 7을 바탕으로 한다. (9) 타로라는 이름은 순수 이집트어로서, Tar는 길/도로를 의미하고 Ro는 왕/왕족을 의미한다. 따라서, 그 이름은 인생의 왕도를 의미한다. (10) 다른 해석에서 그 이름은 가르침을 의미하는 A, 메르쿠리우스Mercury 곧 토트Thoth를 의미하는 Rosh, 그리고 관사 T를 합쳐 Tarosh에서 유래했다고 할 수 있다. 따라서, 타로는 토트의 서Book of Thoth 또는 메르쿠리우스의 교리 일람Table of the Doctrine of Mercury이라고 할 수 있다.

이상이 제블랭의 증언이다. 다만 몇몇 평범한 진술을 제외했는데, 타당한 논리가 성립하지 않기 때문이다. 따라서, 이 증거들이 그의 논지를 떠받치는 10개의 기둥이다. 마치 모래로 만들어진 듯한 기둥 말이다. 타로는 당연히 알레고리적이다. 다시 말해, 타로는 상징성을 지닌다. 그러나 알레고리나 상징은 보편 지향적이다. 그 상징 또는 비유가 모든 국가, 지역, 시대를 통틀어 멕시코답거나, 유럽답거나, 중국답거나, 히말라야 건너 티베트답거나, 런던 최하층민스러운 것보다 더 이집트다운 상징이나 알레고리라고 할 수 없는 것이다. 알레고리와 상징을 통해 각 카드는 보편적이며 특징적이지 않은 다양한 개념이나 사물에 대응한다. 타로 카드가 이집트의 도덕·철학·종교적인 가르침에만 관한 것이 아니라는 사실은 제블랭이 그 관계성을 긍정한 일 말고 다른 추가 작업을 하지 못한 것을 보면 명백하다. 트럼프 메이저에 여사제 카드가 있는 것은 몇몇 유명한 미신의 잔재라 설명하는 편이 더 간단하다. 예를 들어, 릴런드Leland의 추적* 끝에 놀랍게도 아직 현대 이탈리아에서 지속되고 있다는 결과가 밝혀진 디아나Diana 숭배와도 같은 미신 말이다. 또한, 티베트를 포함한 모든 숭배 사상에서 뿔이 보편적으로 등장한다는 사실 또한 기억해야 한다. 삼중 십자가를 이집트 상징체계의 예시로 삼는 것은 터무니없는

---

* 릴런드의 *Aradia or, The Gospel of the Witches of Italy*(1899)를 말한다.

일이다. 삼중 십자가는 베네치아와 예루살렘과 같은 그리스 및 라틴
계 (기독교) 총대주교구의 십자가이며, 오늘날까지도 정교회의 예식
에서 사제와 평신도가 긋는 십자가 모습이다. 이시스의 눈물에 대한
공허한 비유는 생략하겠다. 다른 오컬트 작가들이 그것은 히브리어
요드(ˑ)라는 사실을 말해주었기 때문이다. 열일곱 번째 카드는 성향
에 따라서 시리우스 또는 다른 별에 해당했다. 숫자 7이 이집트에서
중요했다는 것은 사실이지만, 수비학 논문만 봐도 숫자 7을 온갖 곳
에 적용할 수 있다는 사실을 알게 된다. 기독교의 일곱 성사나 성령
칠은 聖靈七恩*을 무시한다고 해도 말이다. 마지막으로, 타로라는 단어
의 어원에 대해서는 로제타석이 발견되기 전, 이집트어에 대한 지식
이 전혀 없던 시기에 탄생했다는 것만으로도 충분히 설명된다.

제블랭의 논지는 (그의) 4절판 크기의 책을 통해 학식 있는 사람들
의 주목을 끌었으며, (당대의) 시대정신 속에서 (어떠한) 방해를 받지
않고 책 속에 보관됐다. 그 논지는 프랑스와 모든 프랑스적인 것들의
중심인 파리에서 타로카드에게 기회를 주었다. 카드 점이 뜻밖에도
고대의 숨겨진 학문을 통해 뒷받침되고, 그 모든 내용의 뿌리가 이집
트의 불가사의와 신비에 있다는 제안은 거의 신적인 위엄을 가지고
있었다. 오컬트적 관행 기술이라는 변두리에서 벗어나 카드 점은 유
행이 되었고, 한동안 거의 사제복과 같은 감투를 쓰게 됐다. 요술쟁
이Bateleur, 마술사magician, 그리고 곡예사juggler 역할을 맡은 첫 번째
인물은 제대로 교육받지는 못했으나 열성적인 모험가였던 장바티스
트 알리에트Jean-Baptiste Alliette였고, 두 번째 인물로는 직감과 계시
만 내놓았던 여사제 르노르망Lenormand 양이 있었지만, 그녀는 후대
사람이다. 마지막에 이르러서는 천리안의 누더기를 입고 있는, 컵의
여왕에 비견할 수 있는 줄리아 오르시니Julia Orsini가 나타났다. 나는
운명이 스스로 보편적 혁명의 게임을 한다면서 카드를 섞고 나누거
나, 루이 18세, 샤를 9세, 루이 필리프 같은 귀족과 신하를 위해 점치
는 사람들에게는 관심이 없다. 그러나 가발 제작자였던 알리에트는

* 가톨릭교회에서 개인과 공동체의 성스러운 화합을 위해 성령이 베푸는 일곱
가지 은혜를 뜻한다(이사야서 11장 2~3절).

본명을 거꾸로 쓴 '에틸라'라는 오컬트적인 이름 아래에서, 진지하게 자신이 카드 뽑기 기예의 평범한 숙련자가 아니라 오컬트학의 선교사라 생각했고 그런 것처럼 행동했다. 심지어는 현재까지도 파푸스 같은 사람들은 그가 만든 기묘한 체계 일부분을 망각에서 끌어내 구하려 노력하고 있다.

『태초의 세계』의 길고도 다양한 이야기는 1782년에 끝났고, 1783년에는 에틸라의 소책자*가 에틸라 자신이 마치 30년, 아니 거의 40년 동안 이집트 마법을 연구했으며, 마지막 열쇠를 찾아냈다고 증언하려는 듯 인쇄기에서 쏟아져 나오기 시작했다.

그 책은 실제로 '타로의 열쇠'였으며, 철학책이자 『토트의 서Book of Thoth』였다. 그러나 그와 동시에, 실제로는 멤피스Memphis에서 3리그 (약 15킬로미터) 떨어진 레반트Levant 지역 끝자락에 있는 불의 신전 Temple of Fire에서 마술사 17명이 쓴 책이었다.

그 책에는 우주에 대한 학문이 담겨 있었다. 이 카드 점술가(에틸라)는 자신이 장사를 하고 있다는 사실에 대해 일말의 거리낌도 없이 이 책을 점성술, 연금술, 운세 보기에 쓰기 시작했다. 나는 에틸라가 이를 전문 분야로 생각했을 것이며, 이 체계를 처음으로 믿은 사람이 에틸라 자신이었으리라 확신한다. 그러나 우리는 타로가 오래되었다는 사실이 이런 식으로 퍼뜨려졌다는 데 주목해야 한다. 에틸라의 소책자는 그가 자신이 다루고 있는 이 언어(타로의 상징)를 알지 못했다는 명백한 증거다. 시간이 지나 그가 개정된 타로를 내놓았을 때, 에틸라를 옹호하던 사람들조차도 그가 타로의 상징성을 훼손했다고 인정했다. 또한, 유구함이라는 면에 대해 그는 모든 논지에서 제블랭을 전문가로 내세웠을 뿐이었다.

카드 점술가들은 내가 언급한 방식으로 서로를 계승했고, 이렇듯 최소한의 신비도 담고 있지 않은 것을 놓고 경쟁하는 숙련자도 있었다. 이 와중에 이 주제에 대한 학구 의식이 있었다면, (그조차) 제블랭의 4절판 크기 책 속에서 결국은 60년 넘게 잠들어 있었던 셈이다.

---

* *Maniere de se récréer avec le jeu de cartes nommées Tarots. Pour servir de premier.*

그(제블랭)의 권위 아래에서 이론과 실천, 우연이나 특별한 관심사로 타로카드에 의문을 품은 사람들이 제블랭의 (주장에 담긴) 이집트적인 성격을 받아들였다는 사실에는 의심의 여지가 없다. 사람들은 흔히 (기준 없이) 자신이 스스로 가치 평가를 매기는데, 그것이 가장 (심리적인) 저항감이 적기 때문이다. 그래서 어떤 주장이 내키지 않으면, 그 주장을 하는 자들의 대담함을 헤아려 그들의 고고학적 허세를 쉽게 받아들인다. 몇몇 추측뿐인 제목*을 붙여 이 주제를 재고한 첫 번째 인물은 프랑스 작가 뒤세네Duchesne였다. 그러나 나는 이를 단순한 참고 사항으로만 짚고 넘어갈 수밖에 없다. 잉글랜드 작가 싱어Singer가 플레잉 카드의 일반적인 주제를 다룬 흥미로운 연구**도 마찬가지다. 싱어는 트라폴라Trappola라는 이름의 옛 베네치아 게임이 유럽에서 가장 오래된 카드 게임이라 생각했다. (그는) 또한, 이 게임이 아라비아에서 유래했고 게임에 쓰이는 52장의 카드 또한 그 지역에서 유래했다고 믿었다. 나는 이 견해가 어떤 중요성도 가져본 적이 없다고 생각한다.

뒤세네와 싱어 이후 또 다른 잉글랜드 작가 차토W. A. Chatto가 이 주제에 관해 이미 유효한 사실과 떠돌아다니는 수많은 소문을 살펴보았다. (이는) 1848년의 일이었는데, 그의 연구는 아직도 어느 정도 권위를 지닌다. 그러나 독립적인 연구자에게 마땅히 허용돼야 하듯 최대한 관대하게 보더라도 차토의 연구가 평범하며, 심지어 그다지 좋은 성과를 내지 못했다는 사실은 변함없다. 그래도 19세기가 빠져 있던 암흑 속에서는 그 연구가 고유성이 있었다. 차토는 이집트 기원설을 부정했다. 그러나 이 문제에 대해서는 그다지 숙고하지 않았기 때문에, 그 부정에 확고한 근거가 있었더라도 제블랭의 가설을 밀어내지는 못했을 것이다. 1854년 또 다른 프랑스 작가 보이토Boiteau가 카드의 기원에 대한 의문***을 다루었고, 타로카드가 동양에서 기원

---

* Jean Duchesne. *Observations sur les Cartes à Jouer*(1836), *Jeux de Cartes Tarots*(1844).

** Samuel Weller Singer. *Researches into the History of Playing Cards*(1816).

*** Paul Boiteau d'Ambly, *Les Cartes à Jouer et la Cartomancie*(1854).

했다고 주장했으나 이를 증명하려 하지는 않았다. 뚜렷한 근거는 없지만, 나는 타로카드를 집시들의 것이라 확신한 첫 번째 작가가 보이토라고 생각한다. 하지만 그는 집시가 인도에서 기원했다고 생각했으며, 따라서 이집트는 그의 연구에 포함되지 않았다.

1860년, 명민하고 심오한 빛illuminé인 엘리파스 레비가 등장했다. 그를 인정하기란 매우 어렵지만, 그를 무시하기란 인정하는 것보다 더 힘든 일이다. 이제껏 오컬트학과 마법적 교리를 선포하고 해설했던 서양의 지성 중에서 그를 능가하는 사람은 아무도 없었다. 근본적으로는, 그가 현상적인 부분에 대해서는 나만큼 관심이 있었을 것이라고 생각한다. 그러나 레비는 돌팔이가 쓰는 수단이라도 올바른 목적으로 쓰면 끝까지 훌륭한 수단으로 남을 것이라는 확신으로 이런 현상을 거리낌없이 설명했다. 그는 크게 성공했고, 그 자신을 위대한 학자라 자칭했다. 진실로 위대한 학자였던 적은 없지만 말이다. 레비는 한 번도 신비와 마주한 적이 없음에도 모든 신비를 밝히는 자라 자칭하기도 했다. 탁월한 재능을 갖춘 작가가 그 특별한 재능을 그처럼 시시하게 쓴 일은 지금껏 없었다고 생각한다. 결국 그는 또 다른 육체에 재림한 에틸라에 지나지 않았고, 황금의 언변과 폭넓은 일반 지식은 그런 재림을 돕는 데 쓰였다. 그럼에도 그는 지금까지 쓰였던 책 중 가장 포괄적이고 수려하며 매혹적인 『마법의 역사History of Magic』을 집필했다. 프랑스 오컬티스트, 영국 비전주의자, 마티니즘 추종자Martinist, 반쪽짜리 카발리스트, 세상 곳곳에 퍼져 있는 자칭 신지학파라는 사람들은, 타로카드와 제블랭의 주장을 마음 깊이 새겨둔 레비가, 저 위대한 카발라 고전을 숙독조차 하지 않고 속독만으로 해석해낸 판단을, 확신하면서 받아들였다. 레비에게 타로는 가장 완벽한 점술 도구이자 오컬트학의 중추일 뿐만 아니라, 고대 마기Magi를 품은 태초의 책, 유일한 책이었고, 고대의 모든 신성한 저술에 영감을 준 기적의 책이었다. 그러나 레비는 그의 첫 저작*에서 제블랭의 생각을 받아들여 몇몇 이집트적 특성을 지닌 일곱 번째 트럼프 메이

---

* 레비의 첫 책인 『고등 마법의 의식Dogme et Rituel de la Haute Magie』(1856)을 말한다.

저(전차)를 재현하는 데 그쳤다. 집시들에 대한 해박한 지식을 가진 기묘한 작가 바양J.A Vailant이 집시에 대한 연구에서 '집시를 통해 타로가 전파되었는가'라는 문제를 제시하기 전까지 레비는 이 문제를 마음에 담아두지 않았다. 레비와 바양은 매우 비슷했고, 이후 서로가 서로를 반영하게 되었다. 집시 타로 전파설은, 집시가 처음 유럽으로 왔던 1417년 이전에 이미 유럽에는 어떤 종류의 카드들이 있었다는 점을, 1869년 로맹 메를랭이 분명하게 지적할 때까지 남아 있었다.

하지만 집시가 뤼네부르크Lüneburg에 도착한 시기가 이 즈음이고, 이들이 그전에도 그 지역에 있었다는 흔적이 남아 있기에 이 지적은 설득력을 크게 잃는다. 따라서, 집시가 타로를 썼다는 증거가 1840년 이후까지 발견되지 않았다는 주장이 더 설득력 있다. 이 시대 이전에 몇몇 집시가 카드를 썼다는 것은 이들이 유럽으로 타로를 유입한 주체가 아니라 유럽에 있는 타로를 발견해 장사 수단에 추가했다는 가설로 설명할 수 있다.

우리는 이제 타로카드 이집트 기원설에 대한 티끌만 한 증거조차 없다는 사실을 확인했다. 다른 방향으로 살펴보면, 1120년경의 중국에서 어떤 종류의 카드가 발명되었다는 주장이 지역적 권위에 기대 내세워진 바 있다. 제블랭은 매우 오래되었다고 추정되는 홍수 퇴적물에 대해 이야기하는 중국 금석문에서 타로카드의 기원을 찾아냈다고 열렬히 믿었다. 이 금석문 글자는 77개 구획 안에 들어 있었고, 따라서 공통점이 있다는 것이다. 인도에도 카드나 다른 형태의 석판이 있었다. 이 석판에도 비슷한, 아주 작은 공통점이 있었다. 그러나 예를 들어 비슈누Vishnu의 화신을 각각 물고기, 거북, 수퇘지, 사자, 원숭이, 손도끼, 우산 혹은 활, 염소, 붓다Buddha, 말 형태로 표현하는 10개 수트에 12개씩 카드가 있다고 하더라도, 우리가 찾는 트럼프 메이저의 기원을 밝히는 데는 도움이 되지 않는다. 똑같은 이유로, 비록 동전으로 추정되는 것이 드니에Denier와 같은 것이며 오망성과 같은 기호라고 할 수 있을지 모른다고 해도, 왕관과 하프는 소비밀을 설명하는 데 도움이 되지 않는다. 모든 언어, 인종, 지역과 시대마다 타로와 마찬가지로 철학을 가지고, 신성시되면서 도박에 쓰이기도

한 카드가 있었더라도 그 사실은 (그 자체로 그저) 흥미로운 사실일 뿐이다. 그 카드가 타로카드가 아닌 한, 그로부터 알 수 있는 것은 인간이 같은 것을 같은 방법으로 추구하려 하는 보편적인 경향성이 있다는 사실뿐이다.

그러므로 나는 카드(의 기원)에 대한 최초의 소문이 들렸던 14세기 이전에는 역사가 없다는 것을 반복하며 역사에 대한 이야기/설명을 마치겠다. 타로카드는 몇백 년 동안 있었을 수도 있다. 타로카드가 사람들이 미래를 보거나 도박을 하며 자신의 운을 시험하려 하는 데 쓰는 의도로만 만들어졌다면, 14세기는 충분히 이른 시기일 것이다. 반대로, 타로카드가 비밀스러운 가르침의 깊은 암시를 담고 있더라도 14세기는 충분히 이른 시기이거나, 적어도 우리가 얻을 수 있는 최대한의 것을 얻을 수 있는 시기이다.*

---

* 글쓴이는 타로카드의 역사를 14세기 이전까지 거슬러 올라갈 필요는 없다고 주장하며, 그전의 역사에 대한 연구나 고민은 (적어도 점술가에게는) 그다지 유익하지 않다고 이야기하는 것이다.

제2부

장막 뒤의 교리
The Doctrine Behind the Veil

제1장 타로와 비밀 전승

THE TAROT AND SECRET TRADITION

타로는 보편적 개념의 상징적인 표현을 담고 있으며 그 표현 뒤에는 인간의 정신에 내포된 모든 것이 있다. 타로가 비밀 교리를 담고 있다는 것은 바로 이 때문이며, 그 교리란 모두의 의식에 깊게 파묻혀 있어 평범한 사람이 쉽게 알아보지 못한 일부 진실을 깨닫는 것이다. 이 교리가 언제나 존재했다는 가설이 있다. 이 교리는 선택된 소수의 의식이 고안해낸, 비밀리에 한 사람에게서 다른 사람에게로 끊임없이 전달되어 연금술과 카발라주의처럼 비밀 문헌에 기록되었다는 가설이다. 또한 장미십자회*의 신비 사상Rosicrucianism이 과거의 예시를 보여주며, 프리메이슨**적 사상Craft Masonry***을 통해 생생하게 요약·기록한 '정립된 신비Instituted Mysteries****'에도 그 진정한 의미를 해석할 수 있는 자를 위해 (비밀 교리가) 담겨 있다는 것이다. 비밀 교리의 이면에는 이 교리를 정당화하는 경험이나 실례가 있을 것이

* 17세기 초 독일에서 몇몇 선언문과 함께 모습을 드러낸 조직이며, 연금술, 기독교적 카발라를 동원한 계몽주의 성향이 짙은 비밀 단체를 표방했다. 이후 19세기 말, 20세기 초에 다양한 신비주의 단체들이 이들의 후예를 자청했고, 글쓴이가 속한 황금새벽회도 그중 하나다.

** 13세기 말 석공 길드에서 유래했다고 주장하며 결성한 조직. 롯지Lodge를 기본 지역 조직 단위로 삼는 폐쇄적인 모임에 가깝다. 신비주의적인 의식이나 명칭 들이 아직 현존하나, 지금은 대개 사교 행사나 지역 유지 모임에 가깝다. 폐쇄적인 성격 탓에 이런저런 음모론에 결부되어 있는 것으로 유명하다.

*** 이는 『프리메이슨의 세 계급에 대한 강의Lectures of the Three Degrees in Craft Masonry』 등을 비롯한 내용으로 보인다. 이 책은 질의응답 형식으로 프리메이슨 의식과 상징을 다루고 있다.

**** 글쓴이는 프리메이슨의 신비를 언급하나, 이는 뒤에 언급되는 의식 마법 Ceremonial Magic과 더 밀접하게 관계있다. 의식 마법은 제의 마법Ritual Magic, 고급 마법High Magic 등으로도 부르며, 대체로 기독교 미사 등 종교 행사/의식 과정과 비슷한 방식을 쓰는 마법을 의미한다.

다. 이 책과 같은 안내서에서 내가 할 수 있는 일은 (그저 몇몇) 주장을 나열하는 것 정도이며, 그 주장도 내 다른 책에서 이미 길게 언급했다. 이 책은 한편으로 프리메이슨 비밀 전승과 헤르메스주의 문헌에 전념한 책들의 중요한 두 부분을 다루고자 한다. 타로에 관한 주장에 대해서 말하자면, 타로에 포함된 비밀 교의 중 상당 부분이 그림으로 그려진 연금술 표상에서 이미 표현되었기에 토트의 서book of thoth가 이 표상을 다루는 유일한 장치가 아니라는 점을 기억해야 한다. 이미 다른 곳에서 충분히 설명했듯이 연금술은 두 부분*으로 나뉘며, 내가 언급한 그림으로 된 표상들은 두 학파에 공통적으로 나타난다. 연금술의 물질적인 면은 망게투스Mangetus**의 거대한 2절판 책에 수록된 『침묵의 서Mutus Liber』***의 기묘한 상징을 통해서 표현된다. 그 책은 변환이라는 위대한 작업의 수행 과정을 동판화 14점으로 묘사했고, 동판화에는 다양한 화학 용기 안에 담긴 물질의 여러 상태가 그려져 있다. 용기 위에는 신화적인 기호와 행성·태양·달을 나타내는 기호가 그려져 있다. 마치 — 헤르메스주의의 가르침에 따르면 — 금속의 왕국이 생성되고 완성되는 과정을 담당하는 힘과 미덕이 아래에서 열심히 일하는 두 작업자를 돕고자 적극적으로 개입하는 것처럼 말이다. 흥미롭게도, 작업자는 남자와 여자다. 연금술의 정신적인 면은 『램스프링의 서Book of Lambspring』의 더 기묘한 상징을 통해 볼 수 있다. 이 상징에 대해서는 이전에 내가 예비적인 해석을 한 적 있으니, 독자들은 그것을 참고하기 바란다.**** 그 작은 책에는 숙련된 철학자의

* 물질적인 면과 정신적인 면을 말한다.

** 프랑스인 장자크 망제Jean-Jacques Manget(영문 Johann Jacob Mangetus)를 말한다. 그는 스위스 제네바에서 자신의 연금술 개론서이자 사전 *Bibliotheca chemica curiosa*(1702)를 출간했는데, 1권 말미(936쪽 이후)에 『침묵의 서』를 삽입해 본격적으로 알려지기 시작했다.

*** 1677년 출간된 작자 미상의 책으로, 대부분 도안으로 이루어진 전형적인 연금술서다. 카를 구스타프 융 또한 이 책을 연구했던 것으로 유명하다.

**** 글쓴이의 이 기록은 *The Occult Review*의 1908년 10월호에 게재됐고, 그는 이 지면에서 가톨릭 성체성사와 연금술 작업, 장미십자회의 의식을 비교하며, 이들이 큰 틀에서 크게 다르지 않다고 주장했다.

몸에서 영과 혼이 결합하는 것, 그 물질적인 결과로 육체가 변화하는 것, 곧 신비주의적인 (또는 가장 자연적인) 엘릭서Elixir에 대한 신비가 수록돼 있다. 나는 지금까지 이 작은 책이 시사하는 것보다 더 흥미로운 내용을 본 적이 없다. 두 책은 모두 유럽에서 타로카드가 일반적으로 퍼지기 시작한 시기를 가장 비판적으로 보아 늦게 산정했을 때보다도 훨씬 이후에 출판된 책이라는 사실을 언급해둔다.

(위에서 언급한) 두 책은 각각 17세기와 16세기에 출간됐다. 나는 사실과 경험이라는 샘을 (억지로) 다시 채우려 상상이라는 이름의 샘에서 물을 길어오려는 것이 아니다. 또한, 타로카드가 그림으로 비밀 교리를 표현하는 방식의 선례고, 헤르메스주의에 관한 저작을 남긴 이들이 이를 따랐다고 주장하려는 것도 아니다. 어디까지나 타로카드가 이런 방식을 쓴 가장 오래된 예시일 수 있다는 사실은 주목할 만하다는 것이다. (오히려) 타로카드는 가장 보편적인 도구다. 왜냐하면 상징으로 보든 다른 무엇으로 보든 타로카드가 어떤 단 하나의 오컬트주의 학파나 책에서 파생하지는 않았기 때문이다. 타로카드는 연금술, 카발라주의, 점성술, 또는 의식 마법Ceremonial Magic에 속한다고 할 수 없다. 계속 내가 언급했듯이, 타로카드는 보편적인 형태로 보편적인 개념을 표현하는 것이며, 비밀 교리는 어디까지나 이 (보편적인) 형태의 조합으로 표현되는 것이다.

가설일 뿐이지만, 그 조합은 카드 덱을 구성하는 번호 붙은 순서일 수도 있고, 평범한 게임에서 운에 맡기는 것처럼 카드를 섞고 나누다가 우연히 조합된 것일 수도 있다. 작가 두 명*이 후자의 견해를 무시하지 않으면서도 첫 번째 견해를 채택했기에, 나는 그들이 말한 내용을 지금 당장 처리하는 편이 좋을 것이라 생각한다. 운세 보는 방법을 중심으로 타로를 다룬 소책자를 출판하기도 한 맥그리거 매서스MacGregor Mathers 씨는 트럼프 메이저 22장을 쓰면 카드 번호 순서를 따라 "연결된 하나의 문장"을 만들 수 있다고 제안했다. 그 문장의 주제는 사실상 인간 의지에 대한 도덕적인 명제다. 인간의 의지는 마

---

* 『침묵의 서』와 『렘스프링의 서』를 쓴 이들을 말한다.

법사 카드가 상징하는 학문science을 통해 계몽되고, 여사제 카드에 대응되는 행동을 통해 발현되며, 그 실현(여제 카드)은 황제 카드에 대응되는 자질인 자비와 선행을 통해 이루어진다. 또한 그는 친숙하고도 관습적인 방식으로 지혜, 강인함, 희생, 희망, 궁극적인 행복에 대해 이야기했다. 그러나 이것이 카드가 지닌 진짜 메시지라 한다면, 오늘날 (내가) 그 내용을 출판하거나 자세히 설명하고자 (이렇게까지) 노력할 이유가 없을 것이다. 이 주제를 수없이 고찰하고 연구했으나 불운하게도 제대로 된 통찰까지는 닿지 못한 파푸스 씨가 열정과 의욕을 담아 쓴 『보헤미안 타로』에서는 트럼프 메이저의 매우 정교한 체계를 소개한다. 그 체계는 매서스 씨의 것처럼 타로카드의 순서에 의존하나 신성한 세계, 대우주와 소우주에서 카드들의 상호작용을 보여준다. 이런 식으로 우리는 말하자면 물질화된 육체의 어둠을 지나 그 높은 곳으로 돌아가는 인간, 또는 영원(신)에서 나온 혼soul의 영적spiritual인 역사를 이해하게 된다. 나는 파푸스가 올바른 길에서 거의 떨어지지 않았다고 생각하나, 그의 견해는 이 문제에 한해서만 유용할 뿐 그 방법론은 어떤 면에서는 주제를, 그리고 존재의 형태와 면면들을 복잡하게 만든다.

트럼프 메이저는 위에서 언급한 다른 방법으로도 다룬 적 있으며, 그랜드 오리엔트Grand Orient는 그의 책*『카드 점 안내서』에서 초월적인 점법이라는 미명하에 카드를 섞고 배분하는 행위로써 우연적으로 만들어진 배열의 카드를 읽는 법을 실제로 보여주었다. 목적과 의도와 상관없이 이렇게 점법을 쓴 것은 다음 두 가지를 시사한다. 깊은 의미가 카드 안에 실재하지 않고 그저 (인위적으로) 배정된 것이라 생각할 수도 있다. 그러나 이는 마법사, 여사제, 운명의 수레바퀴, 매달린 자, 탑 또는 하느님의 장소Maison Dieu 등을 비롯한 특정 카드들 및 인생의 조건들, 교양 학문, 과학, 미덕 또는 발디니Baldini 덱의 표상적인 카드의 데너리에 포함된 기타 주제에 상응하지 않는 여러 다른 카드가 있다는 사실로 반박할 수 있다(제1부 제4장 참고). 또한

---

* 이 책은 글쓴이 자신이 그랜드 오리엔트라는 가명으로 출간한 것이다.

이 카드들은 분명하고 자연스러운 도덕률만으로는 카드 순서를 설명할 수 없다는 점을 보여주는 결정적 증거다. 이 카드들은 또 다른 방식으로 자신들이 관련되었다는 것을 알려준다. 비록 내가 타로카드의 역사를 질문의 여지를 남겨놓은 상태로 끝맺는 바람에 다루기 곤란하지만, 카드들은 우리가 다루려는 진짜 주제를 알 수 있게 해준다. 또한 점법이 쓰였다는 사실은 적어도 트럼프 메이저에 한해서는 점술이 트럼프 메이저를 도입한 것이지 트럼프 메이저가 (지닌 의미가 처음부터) 점술에 속하는 것이 아니라는 점을 보여준다*. 제3부에서 언급할 (메이저 아르카나의) 보편적인 점술적 의미는 대부분 제멋대로 붙여진 것이거나, 부차적이고 교육받지 못한 직감의 산물들이다. 최대한 고평가해도 본래 의도와 다른 저차원의 수준에 그친다. 만약 타로의 기원이 점치는 방법이라면, 우리는 타로의 제작 동기를 비밀 교리가 아니라 위치크래프트Witchcraft**와 검은 안식일Black Sabbath***에서 찾아야 할 것이다.

타로에 부여된 고차원적인 세계와 저차원적인 세계라는 두 등급의 의미와 오컬트 또는 다른 작가 들이 마이너 아르카나에 점술적인 의미 외의 다른 것을 부여한 적 없다는 사실은 이 두 세트가 별개의 것이라는 가설을 뒷받침하는 또 다른 증거가 된다.**** 첫 (메이저 아르카나와 마이너 아르카나의) 결합은 내가 제1부에서 이야기했던 피사의 대공이 만든 볼로냐 타로에서 이루어졌을 가능성이 있다. 대공이 만든 타로는 그를 유명하게 만들고 피신한 도시에서 보상을 받게 만들어주었다고 하나, 마이너 카드 몇 장을 생략했을 뿐인 타로로 그런 성과를 얻었을 가능성은 아무리 환상의 시대라 하더라도 희박하다.

* 메이저 아르카나 22장이 점술적 의미보다 (비밀스러운) 종교 또는 오컬트적 의미가 크다고 주장하고 있다.

** 마녀들의 (전문/손/주술/마법 등의) 기술을 통칭한다.

*** 원형은 Witches' Sabbath 또는 Hexensabbat이며, 마녀들이 자신들의 주술이나 의식을 행하는 날로 알려져 있다.

**** 글쓴이는 메이저 아르카나와 마이너 아르카나가 각기 독립적으로 발전해 합쳐졌다고 주장하고 있다.

그러나 우리는 어떻게든 사실인지 아닌지 설명해야 할 문제를 다루고 있기에, 도박에 쓰이던 마이너 카드를 철학적인 (메이저) 세트와 합쳐 둘 모두를 운이 필요한 게임에 쓴 것이 큰 반향을 불러왔으리라 상상해볼 수 있다. 이후, (타로) 카드가 점술이라는 이름의 운이 필요한 게임에 도입된 것이다. 여기서 알아야 할 것은 내가 타로카드가 (처음부터) 점술에 쓰였을 가능성을 부정하지 않는다는 점이다. 그러나 이 카드가 신비에 대한 탐구와 관계있는 것처럼 속여 사람들을 이 학문으로 이끌어온 그 헌신에는 신비주의자로서 강력히 이의를 제기한다.

이 책의 소형판인『타로의 열쇠*Key to the Tarot*』와 함께 발행한 타로카드는 패멀라 콜먼 스미스Pamela Colman Smith 양이 그리고 채색한 것이며, 그 디자인과 솜씨가 매우 인상적이고 아름답다는 평가를 받을 것이라 생각한다. 이 증보판*에는 본문 참고용으로 볼 수 있도록 스미스 양의 타로를 실었다. 이 카드는 통상적으로 썼던 과거의 것들과 이탈리아에서 만든 (비참한 수준의) 싸구려 제품과는 중요한 면에서 많이 다르며, 상징에 관한 한 이 (수준) 차이를 정당화하는 것이 내가 할 일이다. 나는 이제 현대에는 매우 드물게도 화가가 그린 덱을 소개하려 한다. 이에 대해 "오컬트 권위자"라고 평가받고 또 자칭하던 사람들(만약 그들이 아직도 남아 있다면)에게 양해를 구할 필요는 없을 것이다. 차토의『플레잉 카드의 역사에 대한 사실들과 추측들*Facts and Speculations concerning the History of Playing Cards*』전면 삽화에 그려진 아름다운 시종valet 또는 나이브knave 카드를 보면 누구라도 이탈리아에서 예전에는 화려한 덱을 제작했다는 사실을 알 수 있을 것이다. 복원 및 개정된 카드를 이러한 크기와 그림체로 발행하는 것이 가능했다면 얼마나 좋았을까. 그렇게 했다면 그 디자인을 더 적절하게 쓴 것이었겠지만, 그 결과물은 카드와 관련한 실용적인 사용처에 쓰기에 부적합했을 것이다. 따라서 내 견해와는 상관없이 타협이 이루어져야 했다. 상징성의 차이에 따라 디자인을 바꾼 것은 오로지 내 의견을 반영한

---

* 이 책『타로의 그림열쇠』를 말한다.

결과다*. 메이저 아르카나를 두고 연구자들은 틀림없이 이 차이점을 비판하리라 예상한다. 그 비판이 정당하든 꼬투리 잡기에 그치든 말이다. 따라서, 나는 연구자 동료로서 지녀야 할 정중함과 이미 존재하는 예의를 지키는 선la haute convenance 안에서 이루어지는 의견 표출에 대해 어떠한 관심도 두지 않을 것이다. 타로와 관련한 비밀 전승이 있고, 그에 포함된 비밀 교리가 있다. 나는 이러한 주제 주위로 그려진 명예 규율**에 따른 한계선을 넘지 않으면서 어느 정도 이를 받아들였다. 이 전승은 두 부분으로 나뉘며, 그중 한 부분이 이미 책으로 쓰였기 때문***에 명예 규율이 언제든 깨질 수 있는 상황에 놓여 있는 것처럼 보일 수도 있다. 하지만 그런 일은 일어나지 않을 것이다. 내가 이미 암시한 바 있듯, 두 번째 부분은 아직 유통되지 않아 그를 아는 사람도 소수이기 때문이다. 가짜 사본을 퍼뜨린 사람들이나 장물아비가 원한다면 이 점을 염두에 두어도 좋다. 또한, 나는 어차피 독자들이 이해할 수 없을 테니 훨씬 더 많은 정보를 마음대로 말할 수 있다는 것을 넌지시 드러내도 좋다고 여긴 두세 명의 작가들, 그리고 지금이나 미래에 자신이 모든 것을 밝히겠다고 이야기하는 자들과는 다르다는 사실을 알아주었으면 한다. 그 사람들은 오직 우연적인 요소만을 가지고 있고, 그러한 주제(아직 밝혀지지 않은 두 번째 부분)를 이야기하려면 반드시 지녀야 할 것을 가지고 있지 않기 때문이다. 로버트 번스Robert Burns의 조언****을 따라 "아무에게도

---

* 상징 변경에 대한 모든 책임이 자신에게 있다는 것을 확언한다.

** 결투 과정이나 결과에 대한 전통적인 규칙들을 말한다. 'the conventional rules of honourable conduct, esp. in the causes and conduct of duels'. *Chambers's twentieth century dictionary* (1908) 참고.

*** 이는 알리스터 크롤리의 *Liber 777*을 말한다. 글쓴이가 『타로의 그림열쇠』를 출간하기 전부터 크롤리가 어떤 움직임을 취하리라고 의심했다는 설(Ronald Decker & Michael Dummett, *A History of the Occult Tarot*)이 있고, 당시 황금새벽회 회원 누군가가 그들의 비밀스러운 전통/비밀을 누설할 것이라는 불안감이 팽배했다.

**** 1759-1796. 시인이며, 글쓴이는 그의 시(「젊은 친구에게 보내는 편지*Epistle To A Young Friend*」(1786)로 추정된다) 하나에서 영감을 받았다고 이야기하고

말해서는 안 되는 것scarcely tell to any"은 비밀로 했으나, 나는 내가 말할 수 있는 내용을 최대한 말했다. 내가 말한 것은 그 나름대로 진실*이다. 특별한 연구라는 선결 조건을 반드시 만족하리라고 생각되지 않는 외부 집단이 기대하거나 요구하는 수준까지 말한 것이기도 하다.

이 책에서 마이너 아르카나는 "핍pips", 곧 각 수트의 숫자 카드와 관련한 그림들과 함께 역대 최초는 아니지만 현대 최초로 그림과 함께 수록되어 있다. 이 그림은 여러 출처에서 가져온 점술적 의미에 대응한다. 정리하면 이 책 제2부는 트럼프 메이저에 대한 내용으로, 카드 상징을 고차원적 의미와 덱 디자인과 관련해 자세히 설명할 것이다. 제3부는 타로카드 78장의 점술적 중요성을 보이고, 그중에서도 특히 마이너 아르카나 디자인에 집중하고자 한다. 제3부는 결론적으로 내가 머리말에서 이미 설명한 이유의 취지에 맞춰 몇몇 사용법을 필요한 이들에게 제공할 것이다. (본격적으로) 비교하려면, 이후 나올 내용은 제1부에서 설명했던 옛 타로카드의 설명과 함께 읽어야 한다. 그러면 0번 카드인 바보 카드가 언제나 21번째 자리에 있었다는 점을 볼 수 있을 것이다. 이런 순서의 카드 배치가 겉보기에는 터무니없어 보이는 것은 별로 중요하지 않지만, 이는 상징성의 측면으로 보아도 잘못된 것이다. 바보 카드가 22번째 자리에 있어도 마찬가지다. 에틸라는 이 두 가지 배치 순서의 문제점을 알아차렸으나, 바보 카드를 오망성의 에이스ACE of PENTACLES가 있던 자리인 타로 덱의 맨 뒤로 옮겨 문제를 악화했다. 에틸라가 바꾼 순서는 파푸스도 최근 그의 책 『타로 점술』에 도입했으나, 점술 결과는 전반적인 카드 나열에서 카드가 몇 번째에 놓였느냐가 아니라 (그저) 우연적으로 배치된 위치에 따라 결정되기 때문에 이러한 혼선은 중요하지 않다. (나는) 0번 카드를 또 다른 곳에 배치한 사례도 본 적 있다. 그 배치는

있다.

* 글쓴이의 의도는 다음과 같이 설명할 수 있다. 첫째, 언급하면 안 되는 것 빼고는 모두 언급했다. 둘째, 내가 말한 내용은 그 자체로 진실이다. 셋째, 내가 말한 내용은 외부 집단이 기대/요구하는 수준이기도 하다.

특정 상황에는 의심의 여지가 없으나, 가장 고차원적인 수준에서는 틀린다. 따라서, 우리가 현재 필요로 하는 바를 고려했을 때 이 배치를 (에틸라나 파푸스처럼) 더 연구하는 것은 무의미할 것이다.

제2장 트럼프 메이저와 그 내적 상징*

THE TRUMPS MAJOR AND THEIR INNER SYMBOLISM

I 마법사 The Magician (태양)신 아폴론의 얼굴에 반짝이는 눈과 자신 감 있는 웃음을 띤 젊은이가 마법사처럼 로브robe를 입었다. 머리 위에는 신비로운 성령의 기호, 곧 생명의 기호가 끝없는 끈처럼 누운 8자 모양으로 있다. 허리춤에 뱀을 띠처럼 둘렀고, 그 뱀은 자기 꼬리를 삼킨 것처럼 보인다. (이 상징들은) 대다수에게는 영원의 상징으로 친숙한 모습이나, 이 카드에서는 특히 영Spirit적인 성취의 영원성을 나타낸다. 마법사의 오른손에는 하늘을 향해 들어 올린 지팡이가 있고, 왼손은 땅을 가리키고 있다. 이 두 손짓은 더 높은 등급의 '정립된 신비'(57쪽 참고)에 이미 알려져 있다. 그 손짓은 은총, 미덕, 빛이 천상에서 내려와 지상으로 향하는 것**을 보여준다. 그러므로 이 카드가 암시하는 의미는 (위에서) 영의 힘과 은총을 받고 (아래로) 전파하는 것이다. 마법사 앞에 놓인 탁자에는 타로카드를 구성하는 네 수트의 상징이 놓여 있는데, 이는 자연의 생명이 지닌 원소들을 나타낸다. 이것들은 마법사 앞에서 마치 게임의 말처럼 놓여 있으며, 마법사는 이 원소를 쓸 수 있다. 탁자 아래에는 flos campi이며 lilium convallium인 장미와 백합***이 정원의 꽃처럼 피어 있다. 이는 열망의 개화를 보여주기 위한 것이다. 이 카드는 사람 안의 신성한 동기를 의미하기도 하는데, 이는 신을, 곧 하늘에 있는 것과 이룬 통합의 해방에 내재한 의지를 반영한다. 또한, 이 카드는 모든 단계를 통틀어 존재하는 개개인의 통합을 뜻한다. 매우 고차원적인 의미로는 확

---

* 여기서부터 글쓴이는 라이더-웨이트 덱에 대해 설명하고 있다.

** 하늘에서와 같이 지상에서도As Above, So Below를 의식한 표현이다.

*** 「아가」2장 1절의 '나는 샤론의 장미, 골짜기의 백합Ego flos campi et lilium convallium' 인용. 메이저 상징편 17쪽 참고.

고하게 정해진 생각*을 의미한다. 내가 생명의 기호라고 부른 것과 숫자 8 사이의 관계에 대해 첨언하자면, 기독교적 영지주의에서 그리스도의 부활을 "오그도아드Ogdoad로의 변화**"라 일컫는다는 사실을 기억하기 바란다. 신비한 숫자인 8은 하늘의 예루살렘, 젖과 꿀이 흐르는 땅, 성령, 하느님의 땅이라 불린다. 마티니즘Martinism***에 따르면 8은 그리스도의 숫자다.

II 여사제 The High Priestess 그녀는 가운데에 구globe가 달린 뿔 있는 왕관을 썼고, 가슴에 큰 태양 십자가solar cross****가 있다. 발 근처에는 초승달이 있다. 손에 들고 있는 두루마리에는 토라Tora라는 단어가 쓰여 있다. 이는 위대한 율법, 비밀의 율법, 신의 말씀Word of God이 지닌 두 번째 의미*****를 나타낸다. 그녀가 입은 망토가 두루마리를 일부 가리고 있다. 어떤 것은 말로 전해지지만, 어떤 것은 (그저) 암시

---

* 원문 Thought. 정확하게는 이성적인 사고를 거쳐 발현한 생각을 말한다.

** 그리스어로는 오그도아스ὀγδοάς다. 성 이레네우스St. Irenaeus는 『이단 반박Adversus haereses』에서 당시 영지주의자들의 주장(특히 발렌티누스Valentinus)을 기록했는데, 이들은 당시 관측할 수 있었던 7개의 별(달, 수성, 금성, 태양, 화성, 목성, 토성) 위로 온 우주/세상을 초월하는 제1원리가 있다고 주장하며, 이를 오그도아드라 칭했다. 다시 말해, 기독교적 영지주의자들은 예수의 부활을 제1원리의 현현이 이루어지는 순간(육체라는 감옥을 탈피한 순간)으로 여겼다고 이해할 수 있다. 이들의 주장은 유일신 교리 및 신의 전능을 정면으로 부정한 것으로 여겨졌고, 교회에서 축출되기에 이른다. 근광현, 〈이레나우스의 영지주의 신관(神觀)비판〉,《개혁신앙》, 2016년 4월 12일 자.

*** 기독교 신비주의의 하나로, 마르티네즈 드 파스쿠알리Martinez de Pasqually가 주창했고, 전수 과정에서 프리메이슨을 거쳤으며, 루이클로드 드 생마르탱Louis-Claude de Saint-Martin과 장바티스트 윌레르모즈Jean-Baptiste Willermoz를 통해 널리 전파됐다. 생마르탱은 점점 야코프 뵈메Jakob Böhme의 영향을 짙게 받았고, 그의 책과 사상에 영향을 받은 이들로 엘리파스 레비, 제라르 앙코스(파푸스), 아서 에드워드 웨이트가 있다.

**** 글쓴이는 태양 십자가라고 말하지만, 등변 십자가Greek Cross에 가깝다.

***** 구전에 기반한 불문법이자 '전통적으로 유지된 지혜'를 의미한다. 메이저 상징편 25쪽 참고.

되기만 한다는 것을 보여주려는 의도다. 그녀는 각각 J, B라고 쓴 신비로운 신전의 흰 기둥과 검은 기둥 사이에 앉아 있으며, 종려나무와 석류를 수놓은 신전의 베일이 뒤에 드리워져 있다. 그녀의 옷은 치렁치렁하게 늘어져 있고, 얇게 비쳐 보인다. 덮은 옷mantle은 희미하게 일렁이는 광채, 곧 빛을 떠올리게 한다. 그녀는 이시스의 성소 경계threshold에 있는 오컬트적 학문*이라 불렸으나, 사실 그녀는 하느님과 사람의 집인 비밀 교회Secret Church다. 그녀는 더 이상 이 세상 것이 아닌 왕자**의 두 번째 결혼***을 나타낸다. 따라서 영적인 신부이자 어머니, 별들의 딸, 그리고 저 높은 곳(천국)에 있는 에덴동산이다. 간단히 말하자면 그녀는 빌려온 빛의 여왕이지만, 그 빛은 만인의 빛이다. 그녀는 하늘에 계신 어머니의 젖을 마시며 자란 달이다.

어떤 의미에서는 하늘에 계신 어머니 그 자체라 할 수도 있다. 하늘의 어머니가 밝게 비치는 거울상이라고도 말할 수 있다는 것이다. 상징성이라는 면에서 이 카드의 가장 진실되고 고결한 이름이 동거하는 영광이라는 뜻인 셰키나Shekinah라는 것은 바로 이 거울상이라는 측면을 반영한 것이다. 카발라주의에 따르면 하늘과 지상 모두에 셰키나가 있다. 하늘에서 셰키나는 비나Binah라 부르며, 지상에서 발산되는 것에 반영되는 천상의 지혜다. 지상에서 셰키나는 말쿠트Malkuth라 부르며, 내재하는 영광Indwelling Glory****으로 축복받은 이 세상이 축복받은 왕국이라고 이해하는 것을 뜻한다. 신비주의적으

---

* 거의 이집트적인 것이라는 의미다.

** 영지주의적 관점으로 이해한다면 육신을 탈피/세상을 초월한 수련자와 소피아Sophia와의 재합일을 암시한다.

*** 글쓴이가 이 책을 출간한 뒤에 쓴 『신성한 합일의 길The Way of Divine Union』(1915, 203쪽)과 『서구 신비주의의 등불Lamps of Western Mysticism』(1923, 163-164쪽)에서 설명하기를, 상징적인 면에서 말한다면 첫 번째 결혼은 현생에서 이루어지며, 두 번째 결혼은 내세(천국)에서 성사됨으로써 완전한 결혼이 이루어질 것을 언급한다.

**** 신학적으로 누군가의 혼Soul 또는 마음Mind에 영구적으로 존재하거나 영Spirit적으로 소유하는 영광. 연금술적으로 이는 세상 모든 것에 깃든 신의 숨결을 비유한다.

로 말하면 셰키나는 의로운 사람Just Man의 영적인 배우자로서, 율법*을 읽을 때면 신성한 의미를 알려주는 존재다. 어떤 의미에서 이 카드는 대비밀 중 지고한 카드이자 가장 신성한 카드다.

Ⅲ 여제 The Empress 하늘과 땅의 딸로서 화려한 복장과 귀족의 풍채를 갖춘 위엄 있는 인물이 자리에 앉아 있다. 그녀의 왕관에는 12개의 별이 무리 지어 모였다. 근처에 있는 방패에는 금성Venus을 뜻하는 기호가 그려져 있다. 그녀의 앞에는 밀이 익어가는 밭이 있고, 뒤로는 폭포가 흐른다. 그녀가 쥔 홀Scepter 끝에는 이 세상을 뜻하는 구globe가 달려 있다. 그녀는 눈으로 볼 수 있는 사람의 집으로 상징되는 열등한 에덴동산, 곧 이 세상에 있는 천국Earthly Paradise이다. 그녀는 천국의 여왕Regina coeli**은 아니지만*** 많은 것을 풍요롭게 하며, 비옥한 어머니인 죄인의 피신처Refugium peccatorum다.**** 그녀의 면면 중 일부는 욕망과 그 날개, 태양 그 자체를 입은 여성, 세상의 영광Gloria Mundi, 지성소Sanctum Sanctorum의 장막*****이라고 정확히 설명된 바 있다.****** 그러나 첨언하자면, 그녀의 모든 상징성이 다른 기묘한 방식으로 해석되지 않는 한 그녀는 날개를 얻은 혼Soul이 아니다. 그녀는 무엇보다도, 보편적인 다산/비옥함fecundity이자 신의 말씀의 외적 의미를 뜻한다. 이는 아주 명백하다. 여성이 가진 의미보다 더 직접적으로 인류에게 전해진 메시지는 없기 때문이다. 그러나 그녀 자

---

* 토라가 뜻하는 '전통적으로 유지된 지혜'를 학습하거나 실행할 때.

** 성모 마리아. 야코부스 데 보라지네, 『황금전설』, 일파소, 2023, 270쪽 참고.

*** 글쓴이는 이로써 엘리파스 레비가 여제를 '천국의 여왕'이라 부른 데 동의하지 않는다는 점을 밝힌다. 레비의 『고등 마법의 의식』은 1896년에 글쓴이(웨이트)가 영문으로 번역했다. 『초월 마법Transcendental Magic』(378쪽) 참고.

**** 직역하면 거룩하고도 성스러운(또는 성스럽고도 거룩한) 곳. 성모 마리아의 다른 호칭이며, 『구약성경』의 내용과 관계있다. https://m.catholictimes.org/mobile/article_view.php?aid=260003 및 『가톨릭 기도서』 50쪽 참고.

***** 예루살렘 성전 안에 있는 가장 성스러운 곳의 장막을 말한다.

****** 여사제 카드에서 언급한 셰키나와의 연결 고리를 나열하고 있다.

신이 그 해석을 전달하는 것은 아니다.

다른 관점에서 보면, 여제 카드는 마치 비너스의 정원으로 향하는 것처럼 이 생을 시작할 수 있게 해주는 문/출입구를 의미한다. 이후 그 너머에 있는 곳으로 향하는 길은 여사제가 알고 있는 비밀이며, 여사제는 비밀을 선택받은 자에게 전달한다. 예전에 이 카드에 부여되었던 의미 — 예를 들어 이 카드를 신의 말씀the Word, 신성Divine Nature, 삼위일체the Triad 등이라 생각했던 것 — 는 상징성이라는 면에서는 완전히 잘못된 내용이다.

IV 황제 The Emperor 황제가 들고 있는 홀은 손잡이 달린 십자가Crux ansata* 형태이며, 왼손에는 구globe를 들고 있다. 그는 위풍당당하게 팔걸이 앞쪽에 숫양의 머리가 달린 왕좌에 앉아 있는 왕관을 쓴 군주다. 그는 집행자이며 이 세상의 권력이 실체화된 모습으로 자연스러운 상징물 중에 가장 고귀한 것을 두르고 있다. 그는 때때로 직육면체 형태의 돌 위에 앉은 모습으로 그려지기도 하는데, 이렇게 되면 몇몇 사안에 혼동을 주게 된다. 황제는 여제에 대응하는 남성적 힘이며 그런 맥락에서 황제는 (여제의) 이시스의 장막을 걷으려 하는 자** 이나, 여제는 여전히 순결한 처녀virgo intacta***로 남는다.

이 카드와 여제 카드가 결혼 생활을 암시하기는 하지만, 반드시 그런 의미만은 아니라는 사실을 알아두기 바란다. 표면적으로 이들은, 내가 언급했듯, 권위자의 자리에 오른 일반적인 속세의 왕족을 의미한다. 그러나 이 밖에 또 다른 존재를 암시하기도 한다. 이들은 — 특히 (그림 속) 황제는 — 지적인 측면의 왕좌를 차지한, 더 높은 왕위를 상징한다. 야만적인 권위 대신 사상을 이끄는 군주를 의미하는 것이다. 황제와 여제는 그들 나름대로 "기묘한 경험을 많이 했다곤" 하나,

---

* 이집트의 앙크를 기독교식으로 칭했다.

** 68쪽에서 언급한 여사제-셰키나의 특질을 탐내는 자를 말한다.

*** 라틴어. 직역하면 처녀막이 손상되지 않은 여성을 말하나, 엄밀히는 손길이 닿지 않은 처녀를 뜻한다.

그 경험은 의도적으로 더 높은 차원에서 끌어온 지혜는 아니다.* 황제 카드는 (a) 인간 의지의 현현이라 설명되었지만, 이 카드는 의지가 응용된 사례의 하나일 뿐이며, (b) 절대적인 존재가 지닌 실체가 표현된 것이라고 설명되기도 했으나 이는 헛소리일 뿐이다.

V 대사제 The Hierophant** 그는 삼중으로 된 왕관을 쓰고 두 기둥 사이에 앉아 있다. 다만, 그 기둥은 여사제가 지키는 신전의 것은 아니다. 왼손에는 삼중 십자가의 형태로 끝나는 홀sceptre을 들고 있다. 오른손으로는 가르침 중에서 드러난 부분과 감추어진 부분을 구별하는 비밀스러운 가르침의 손짓***이라고 불리는 잘 알려진 기독교적인 손짓을 한다. 이에 대응하는 여사제가 어떤 손짓도 하지 않는다는 점은 주목할 만하다. 그의 발치에는 교차하는 열쇠가 놓여 있으며, 장백의 長白衣****를 입은 성직자가 그의 앞에서 무릎을 꿇고 있다. 이 인물은 대개 그가 상징하는 전반적인 지위를 특정하게 적용하여 교황이라 불려왔다. 여사제가 숨겨진, 안쪽으로 물러난 힘을 관장하는 것처럼 그는 외부적인 종교의 지배 권력에 해당한다. 대부분은 안타깝게도 이 카드의 진정한 의미를 다른 요소와 혼합해버렸다. 그랜드 오리엔트는 교황 카드가 열쇠*****의 힘, 공개되어 있는 일반적인 정통 교리, 그 교리로 이어지는 삶의 외적인 면을 뜻한다고 단언했다.****** 그러

---

* 여제/황제의 지혜가 정신/종교/신비주의적인 것과 거리가 멀고 세속적인 것에 국한되어 있다는 것을 말한다.

** 메이저 상징편 47-56쪽 참고.

*** 메이저 상징편 48쪽 참고.

**** 라틴어로 alba, 기독교 전례복의 하나로, 백색 아마포를 소재로 만든다.

***** 성 베드로의 열쇠를 말한다.

****** 글쓴이는 『카드 점 안내서』에서 이렇게 언급했다. 5. Pope, or Hiero-phant. - Aspiration, life, power of the keys; spiritual authority developed on the external side; temporal power of official religion; on the evil side, sacerdotal tyranny and interference(131쪽).

나 다른 해설자*가 주장한 것처럼 그는 오컬트 교리의 권위자가 아니었다.

대사제는 가장 엄밀히 표현하면 신학대전神學大全, summa totius theologiae**에 가깝지만, 세상에 현현하는 모든 정당하고 신성한 것을 상징한다. 따라서 그는 자연Nature과 달리 정립된 제도/전통이 있는 세계에 속한 (신의) 은총의 통로이고, 인류 전체의 구원을 이끄는 자다. 그는 이미 정립된 계급 체계***의 우두머리다. 그 단체는 또 다른, 더 커다란 계급 체계****를 반영한 것이다. 다만, 간혹 교황Pontiff은 자기가 가진 상징적인 측면의 중요성을 잊고 스스로 교황이라는 상징이 의미하는 것, 또는 전달하려는 의미를 마땅히 담고 있는 것처럼 행동할 때가 있다. 그는 철학이 아니며(신학적인 의미를 제외한다면), 영감도 아니고 종교도 아니다. 비록 그가 종교가 표현되는 방식 중 하나라고 하더라도 말이다.

VI 연인 The Lovers 태양이 하늘 꼭대기에서zenith 빛난다. 그 아래로 팔을 벌려 그 영향력을 아래로 투사하는, 커다란 날개 달린 인물이 있다. 전경前景에는 헐벗고 있는 두 남녀가 있다. 아담과 이브가 이 땅의 낙원을 처음 차지했을 때를 연상케 하는 모습이다. 남자 뒤에는 열매가 12개 달린 생명의 나무가 있다. 여자 뒤에는 선과 악을 알게 하는 나무가 있고, 그 나무를 뱀이 휘감고 있다. 이 인물들은 비대한 물질적 욕구로 오염되기 전의 젊음, 동정, 순결, 사랑을 암시한다. 간단히 말하면 이 카드는 길, 진실과 삶의 일부분인 인간의 사랑을 나타내는 카드다. 이 카드는 가장 중요한 원리에 따라 내가 이전에 설명한 옛 카드인 결혼 카드, 악덕과 미덕 사이에 있는 남자를 묘사한 어리석은

---

* 엘리파스 레비를 말하며, 그의 의견을 반박한다.

** 토마스 아퀴나스의 『신학대전』을 말한다. 문구를 직역하면 '모든 신학의 총체'로, 글쓴이는 교황/대사제가 이와 같은 존재라는 점을 설명한다.

*** 종교나 신비주의자 단체.

**** 기성 종교를 뜻한다. 맥락상 가톨릭 성직 체계로 이해할 수 있다.

카드*를 대체한다. 매우 고차원적으로, 이 카드는 계약과 안식일의 신비를 나타낸다.

여성과 관련한 주장으로는 그녀가 인류의 타락이라는 개념을 담은 감성적 삶으로 이끌리는 것을 의미한다는 이야기가 있다. 그러나 그녀는 자발적이고 의식적으로 매혹하는 여자가 아니라, 비밀스러운 신의 섭리가 작용한 결과물일 뿐이다. 그녀(이브)에게 타락의 책임이 전가됨으로써 결과적으로 인류가 태어나게 되었고, 남자는 오직 여자가 있어야만 완성될 수 있다. 따라서 이 카드는 어떤 의미로는 여성성의 위대한 신비를 시사하는 카드다. 이 카드가 지녔던 옛 의미는, 옛 그림에서는 와해되는 처지를 피할 수 없었다. 그러나 그림을 해석하는 면에서 보더라도 그 의미의 일부는 너무 흔한 것이었고, (다른) 나머지는 잘못된 상징이었다.

VII 전차 The Chariot 똑바로 선 왕자/제후Princely와 같은 인물이 칼집에서 빼낸 검을 들고 있다. 이 모습은 대체로 내가 제1부에서 말한 옛 카드의 묘사와 일치한다. 승리한 영웅의 어깨에는 우림Urim과 둠밈Thummim이 올려져 있어야 한다.** 그는 포로를 사로잡았고 정신, 학문, 진보, 특정한 통과의례 등의 차원을 정복한 자다. 그렇게 그는 스핑크스에게 대답했고, 나는 이 주제에 관해서는 레비가 변형한 안을 받아들인다. 따라서 두 마리 스핑크스가 그의 전차를 끈다. 그는 무엇보다도 정신적인 승리를 의미한다.

이런 이유로 다음의 사항을 이해해야 한다. (a) 스핑크스의 질문은 자연의 신비와 관련된 것으로 전차를 모는 사람이 대답할 수 없을, 신의 은총에 대한 질문이 아니다. (b) 그가 정복한 차원은 외부적이거나 분명히 존재하며, 자기 내부에 존재하지 않는다. (c) 그가 불러온 해방은 그 자신을 논리적 이해에 속박된 상태에 빠뜨릴지도 모른다.

---

* 제1부 제2장에서 언급했던 마르세유 덱을 비롯한 고전 타로들의 묘사를 비판한다.

** 엘리파스 레비는 양어깨의 초승달을 우림과 둠밈이라 언급하며, 이 두 초승달이 헤세드와 게부라를 뜻한다고 설명했다. 『초월 마법』(378쪽) 참고.

(d) 그가 위풍당당하게 통과한 통과의례는 육체적인, 또는 이성적인 rationally 것으로 생각해야 한다. (e) 여사제가 사이에 앉아 있는 신전 기둥에 닿더라도 그는 토라를 펼칠 수 없으며, 여사제가 질문하더라도 답할 수 없다. 그는 세습 왕족이 아니며 성직자도 아니다.*

VIII 힘 또는 강인함 Strength, or Fortitude 마법사 카드에 있는 것과 같은 생명의 기호를 머리 위에 둔 여인이 사자의 입을 닫고 있다. 이 디자인과 기존 그림의 유일한 차이점은 그녀의 선량한 힘이 이미 사자를 길들였고, 사자는 꽃으로 된 사슬에 묶여서 이끌려간다는 점이다. 내 만족을 위해 이 카드와 대개 8번인 정의 카드의 순서를 바꿨다. (이에 관한 내용을 모르는 일반) 독자에게는 이 변화가 그 어떤 중요한 결과도 초래하지 않으니, 굳이 설명할 필요는 없다**. 강인함Fortitude의 가장 고귀한 면은 신과의 합일이라는 신비와 관계있는 것으로 꼽힌다. 이 미덕은 당연히 모든 측면에 작용하며, 따라서 (이 미덕은) 그 상징 안의 모든 것을 바탕으로 한다. 강인함은 숙고 속에 내재한 힘, 그리고 범할 수 없는 결백함innocentia inviolata***과도 관계있다.

이러한 고차원적인 의미는 암시된 의미일 뿐이며, 겉보기에 훤히 드러난다고 주장하려는 것은 아니다. 이러한 의미는 꽃으로 된 사슬 the chain of flowers로 넌지시 드러난다. 여기서 이 사슬은 무엇보다도 신의 율법****을 진실하게 받아들였을 때 짊어지는 감미로운 굴레와 가벼운 부담을 상징한다. 이 카드는 일반적인 의미에서 말하는 자신

* 글쓴이는 이 5가지 사항으로 전차 카드의 인물이 오이디푸스와 같은 인물이라는 것을 암시한다.

** 생명의 나무의 경로들에 타로카드를 배정하는 데 이들과 기존의 다른 연구가/단체의 의견이 달랐기에 수정한 것이라는 점을 암시한다.

*** 이 문구는 엄밀히 따지자면 힘 카드의 의미와 표면적으로는 거리가 있다. 성모 마리아 대축일 성가(Inviolata, integra et casta es Maria)의 내용을 인용한 것으로, 이로써 힘 카드에 그려진 여성이 의미하는 강인함이 성가에서 언급하는 성모 마리아의 미덕과 관계있다는 점을 암시한다.

**** 신법은 각 종교에서 받드는 정경正經이나 계시로 오는 신의 기원을 믿는 법이다. 가장 유명한 신법으로 유대/기독교의 십계명을 들 수 있다.

감과는 — 관계있다는 주장이 있지만 — 관계없다. 이 카드는 신에게 힘을 얻고, 자신의 피난처를 신에게서 발견한 자들의 자신감과 관계 있다. 사자는 열정을 상징하는 면이 있고, 힘 카드의 여인은 그 열정의 해방이라는 더 높은 특성에 해당한다. 이 더 높은 특성은 뱀과 바실리스크의 위를 걸으며, 사자와 용을 짓누른다.

IX 은둔자 The Hermit 이 카드와 기존 그림의 유일한 차이점은 인물이 입고 있는 망토로 등잔을 일부 가리지 않았다는 것이다. 그림의 인물은 옛적부터 함께 계신 이the Ancient of Days* 의 개념을 세상의 빛과 섞이게 하는 자로, 등잔 안에 빛나는 것은 별이다. 앞에서(제1부 제2장) 나는 이 카드가 뭔가를 달성한다는 의미를 지닌 카드라 설명했다. 이 개념을 확장하고자, 그림의 인물은 언덕 위에서 등불을 든 모습으로 그려진다. 따라서, 은둔자 카드는 제블랭의 설명처럼 진실과 정의를 찾는 현자가 아니며, 후대의 설명처럼 경험이라는 의미의 특별한 예시도 아니다. 그의 등불은 "내가 존재하는 곳에 당신도 존재할 수 있다."라는 것을 암시**한다.

또한, 이 카드는 오컬트적인 고립이라는 개념과 함께할 때면 '개인적인 관심사에 다른 것이 혼입되지 않도록 보호한다'라는, 매우 잘못된 방식으로 해석되곤 한다. 이는 레비의 변변찮은 해석에 따르는 것이다.*** 프랑스 마티니즘 결사****는 (레비의) 이 해석을 받아들였다. 우리의 일부는 이 불경한 지식이라는 은둔자의 망토에 가려진, 침묵과 미지의 철학에 대해 많은 이야기를 전해 들은 바 있을 것이다. 진

---

* 메이저 상징편 90쪽 참고.

** 글쓴이는 이 카드가 의미하는 것(숨겨진 신의 뜻 또는 영지주의 자체)을 아는 사람이나 알고자 노력한 사람이라면 이 경지에 도달할 수 있다고 「요한 복음서」14장 3절(킹 제임스 성경)을 비유해 이야기하고 있다.

*** 엘리파스 레비(알리스터 크롤리 옮김), 『신비의 열쇠The Key to the Mysteries』 (1861). The Number Nine 참고.

**** 오귀스탱 샤보소Augustin Chaboseau와 파푸스의 주도로 1886년 프랑스에서 설립된 전통 마티니즘 주의자단Traditional Martinist Order을 말한다.

정한 마티니즘*에서 '무명의 철학자Philosophe inconnu'라는 용어**의 중요성은 다른 것들과 궤를 달리했다.*** 이는 정립된 신비(제2부 제1장 참고) 또는 그 대체물/대리자를 은폐하려는 의도와 관계없었다. 대신에 카드 자체가 그러하듯, 신성한 신비는 준비되지 않은 자들이 함부로 범하지/알지 못하도록**** 스스로 (비밀스러운 상태/신비를) 지킨다는 사실을 의미했다.

X 운명의 수레바퀴 Wheel of Fortune 전차 카드와 마찬가지로 이 카드(상징)에서도 나는 다양한 변형본을 만든 엘리파스 레비의 재구성을 따랐다. 우리 목적에 맞는다면 이집트 상징을 활용하는 것도 — 이미 시사한 바 있으나 — 정당하다. 다만, 타로가 이집트에서 기원했다는 주장을 함축하지는 않도록 해야 한다.***** 단, 나는 티폰을 뱀 형상으로 표현했다. 이 카드의 상징성은 당연하지만 온전히 이집트만의 것이 아니다. 에제키엘(에스겔)의 네 생물이 카드 각 귀퉁이마다 놓여 있고, 수레바퀴 그 자체도 에제키엘의 환시 중 이 카드에 관련된 것이라고 레비가 지적한 것을 따르고 있다. 프랑스 오컬트주의자(레비)의 주장과 카드 설계 자체를 보았을 때, 이 상징적인 그림은 유동적인 우주의 영원한 움직임과 인생의 변화를 나타낸다. 스핑크스는 그 가운데에 존재하는 평형이다. 타로Taro를 로타Rota로 바꿔 쓴 것이 바퀴에 쓰였고, 그 글자는 신의 이름과 한 글자씩 번갈아 적혀 있다. 이는 섭리가 만물 안에 있다는 것을 보여주려는 표현이다. 이것이 바퀴에 내재된

---

* 마티니즘을 처음 주창했다고 알려진 마르티네즈 드 파스쿠알리와 그가 영향을 미친 초기 마티니즘을 말한다.

** 마티니즘 관련 문서를 여럿 쓰고 파스쿠알리의 비서로도 활동했던 루이 클로드 드 생마르탱을 말한다.

*** 이로써 글쓴이가 파푸스를 비롯한 후대 마티니즘보다 초기 마티니즘을 더 우선했다는 것을 알 수 있다.

**** 앞쪽(75쪽) 주석 2번 참고.

***** 글쓴이는 엘리파스 레비의 묘사를 활용했다고 인정하나, 그 묘사는 레비가 주장한 이집트 기원설과 관계없다고 말하고 있다.

신의 의도인데, 네 마리 생물을 통해 그와 비슷한 의도의 예시가 제시된다. 간혹 스핑크스가 바퀴 위에 머리를 위로 든 채 앉아 있는 모습으로 묘사되기도 하지만, 그렇게 묘사하면 움직임 가운데의 안정성이라는 근본 개념을 무효화해 상징성이 훼손된다.

그림에 표현된 전반적 개념 뒤에는 우연의 부정과 그로부터 암시되는 숙명이 있다. 레비 이후에 이 카드에 제시된 오컬트적인 해석은 — 심지어 오컬트주의 그 자체로도 — 매우 어리석은 것이라는 점을 첨언해둔다. 그 해석이란 이 카드가 원칙, 다산, 남성적인 명예, 지배 권력 등을 의미한다는 것이었다. 그보다는 일반적인 점술로써 내린 결론이 그 나름대로 더 낫다고 봐야 한다.

XI 정의 Justice 이 카드는 전통적인 상징성을 따르며 그 상징성의 명백히 드러난 의미를 모두 지닌다. 따라서, 제1부에서 언급했던 몇몇 고려 사항을 제외하고 이 카드에 대해 이야기할 내용은 거의 없다. 독자도 제1부를 참고하면 된다.

다만, 인물이 여사제 카드처럼 두 기둥 사이에 앉아 있다는 점을 짚고자 한다. 모든 사람의 행동에 맞게 적용되는 도덕적 원칙은 — 비록 도덕적 원칙과 더 높은/고차원적인 것 사이에 유사점이 있긴 하나 — 신의 선택을 받는 것과 관련한 영적인 정의와는 근본적으로 다르다는 점을 분명히 지적하는 편이 바람직할 듯하다. 후자(영적인 정의)는 섭리라는 신비로운 질서에 속한다. 그 덕분에 어떤 사람들은 가장 높은 것(신)에 대한 헌신이라는 개념을 상상할 수 있게 된다. 그 작동 원리는 영Spirit이 자신이 원하는 곳에 숨을 불어넣는 것과 같다. 우리는 그와 관련해 규범으로 삼을 만한 비평이나 해석의 근거가 없다. 그 행동은 요정의 선물, 귀중한 선물, 시인의 우아한 선물을 받는 것과 비슷하다고 할 수 있다. 우리는 이를 가지거나 가지고 있지 않으며, 그 선물이 존재하는 것도 선물이 존재하지 않는 것도 매우 신비스러운 일이라는 점에서 말이다. 그러나 정의의 법칙은 도덕적 원칙과 영적인 정의 둘 모두와 관계없다. 결론을 내자면, 정의 카드의 기둥들은 하나의 세계로 통해 있고, 여사제 카드의 기둥들은 또 다른 세계로 통한다.*

XII 매달린 자 The Hanged Man 사람이 매달려 있는 교수대는 타우 십자가 형태를 띤다. 그의 다리는 필폿 십자가fylfot cross** 형태를 하고 있다. 순교자로 보이는 인물의 머리 주위에 후광이 있다. 주목할 부분은 (1) 희생이 이루어지는 나무는 이파리가 달린 살아 있는 나무이고, (2) 인물의 얼굴은 고통이 아니라 깊은 도취에 빠져 있으며, (3) 전체적으로 이 인물이 삶은 멈추어 있지만 죽은 것은 아닌 상태를 나타낸다는 점이다. 이 카드는 심오한 뜻을 담고 있지만, 그 모든 의미는 (장막에) 가려져 있다. 레비의 (책을 편집하던) 편집자 한 명은 레비 자신도 그 의미를 몰랐다고 주장했다. 이는 명백한 사실이며 편집자 자신도 그 의미를 몰랐다. 이 카드는 순교, 지혜, 대 작업Great work, 의무를 상징하는 카드로 잘못 알려져왔다. 그러나 지금까지 출판된 모든 해석을 찾아보아도 우리는 아무것도 얻을 수 없다. 나는 이 카드가 신과 세계 사이의 관계성을 카드 요소 중 하나로 표현한다고 간단히 언급하겠다.

고차원적인 자기 본질의 서사가 이러한 상징에 담겨 있다는 점을 이해할 수 있는 사람은 그에게 가능한, 위대한 깨달음에 대한 암시를 받게 된다. 또한, 죽음이라는 신성한 신비 뒤에는 부활이라는 영광스러운 신비가 존재한다는 것도 알게 된다.

XIII 죽음 Death 생명의 장막veil 또는 마스크mask는 낮은 곳에서 높은 곳으로의 변화와 변형 과정 속에서 영속화된다. 개정된 타로에서는 영혼을 거둬가는 해골***이라는 조잡한 개념이 아니라 묵시록에서 말하는 종말의 계시 중 하나로 이러한 의미가 더 적절히 표현된다. 그

---

* 여사제 카드(신의 섭리와 영적인 측면에서의 정의)에서 묘사된 기둥과 정의 카드(인간 세상의 세속적인, 이성적인 정의)에 그려진 기둥이 동일한 개념을 말하는 것이 아님을 강조한다.

** 메이저 상징편 114쪽 참고.

*** 기존 클래식 카드의 묘사를 말한다.

개념 뒤에는 영Spirit의 완전한 상승이라는 세계 그 자체가 존재한다. 기이한 기수는 삶을 상징하는 신비의 장미가 그려진 깃발을 들고 천천히 움직인다. 수평선 끝에 보이는 두 기둥 사이로는 불멸의 태양이 빛난다. 기수는 눈에 띄는 무기를 들고 있지 않지만 왕, 아이, 소녀가 그 앞에 쓰러져 있다. 두 손을 맞잡은 고위 성직자도 자신의 최후를 기다린다.

이전 매달린 자 카드에 있었던 죽음에 대한 암시는 신비주의적인 면에서 이해해야 한다. 그러나 이 카드는 그렇지 않다는 사실을 굳이 지적할 필요는 없을 것이다. 인간이 자연스레 존재의 다음 단계로 이동하는 것은 그가 나아갈 길의 한 형태다. 또는, 그러한 길이 되어줄 가능성이 있다. 그러나 아직 이 세상에서 살면서도 신비주의에서 말하는 죽음이라는 상태로 갑작스럽고도 특이한 방식으로 진입한다면 이는 의식이라는 형태의 변화이고, 일반적인 죽음을 통로나 관문으로 삼지 않는 어떠한 상태로 이어지는 길이다. 13번 카드에 대한 기존의 오컬트적 설명은 다른 카드와 비교했을 때 나쁘지 않은 편이다. 그 해석으로는 재탄생, 창조, 목적지, 재생, 휴식 등이 있다.

XIV 절제 Temperance 이마에 태양을 상징하는 기호가 있고, 가슴에 셉테너리septenary*형태의 사각형과 삼각형 기호가 있는 날개 달린 천사가 보인다. 나는 천사를 지칭할 때 그he라는 남성형 단어를 쓰고 있지만, 이 인물은 남성도 여성도 아니다**. 천사는 잔에서 잔chalice to chalice***으로 생명의 정수를 부어내고 있는 듯하다. 한 발은 지면 위, 한 발은 물에 담그고 있어 그 정수의 본질을 보여준다. 수평선 끝에 어떠한 높은 곳까지 이르는 똑바로 뻗은 길이 있고, 그 길 위로 밝은 빛이 있다. 그 빛 덕분에 왕관 형태가 희미하게 보인다. 이 카드에는 영원한 생명의 비밀 일부가 담겨 있다. 인간이 특정한 생애를 살면서

---

* 영성 원리(삼위일체)의 3과 지상 원리(사추덕)의 4가 합쳐진 7의 배수로 순환되는 구조를 말한다.
** 무성無性이 아니라 양성兩性을 말한다.
*** 엄밀히는 성찬식에 쓰이는 성찬배 또는 성배를 의미한다.

(비밀 일부는) 손에 넣을 수 있기 때문이다. 이 카드에서 그전까지 쓰였던 상징은 모두 받아들여지지 않는다.

따라서 계절의 변화, 생명의 영원한 움직임, 심지어 생각의 결합이라는 과거에 쓰였던 의미도 (카드의 의미에) 적용되지 않는다. 또한, 카드의 인물이 인간의 삼위일체 중 세 번째*의 형태로 나타나는 빛을 상징하는 것은 맞다. 그러나 천사가 태양의 수호신the genius of the sun**을 상징한다고 말하는 것은 옳지 않다. 신기하게도 이 카드를 절제라고 부르는데, 그 이유는 절제의 규칙이 우리의 의식에 나타날 때 정신적이고 육체적인 특성을 누그러뜨리고, 조합하고, 조화시키기 때문이다. 이 규칙에 따라 우리는 이성적으로 우리가 어디에서 왔고, 어디로 가고 있는지 알게 된다.

XV 악마 The Devil 이 그림은 제1부에서 언급한 여러 모티프 사이의 타협, 평균 또는 조화의 결과물이다. 박쥐 같은 날개가 달린 멘데스의 뿔 달린 염소The Horned Goat of Mendes***가 제단 위에 서 있다. 그 명치 부분에는 수성을 상징하는 기호가 있다****. 오른손은 들어 올려 뻗고 있는데, 이는 다섯 번째 카드인 대사제가 베푸는 축복과 (의미가 정)반대다. 왼손에는 거대한 불타는 횃불이 땅을 향하도록 뒤집혀 있다. 이마 위쪽에 뒤집힌 오망성이 있다. 제단 앞쪽에는 고리가 달렸고, 그 고리에 두 개의 사슬이 걸려 남녀 두 명의 목으로 이어져 있다. 이것들(두 명의 남녀)도 다섯 번째 카드의 모습과 비슷한데*****, 마치 아담과 이브가 추방당한 이후의 모습과 같다. 이 카드는 물질적 삶의

* 육체Body, 혼Soul, 영Spirit 중에서 영을 말한다.

** 일리아코Iliaco라고 불리는 만테냐 카드의 31번째 카드를 말하며, 헬리오스 Helios(Elios)와 어원을 공유한다.

*** 엘리파스 레비가 묘사한 바포메트Baphomet다.『초월 마법』180쪽.

**** 멘데스의 염소에는 수성 기호가 있으나, 이 책의 악마 카드에는 그려지지 않았다.

***** 대사제 카드에서 두 사제가 자발적인 공경을 표하는 것과 비교되는 것을 말한다.

속박과 (굴레와도 같은) 숙명을 나타낸다.

　두 인물에게는 동물적인 본질을 나타내는 꼬리가 달려 있는데, 이들의 얼굴에는 지성이 있다. 또, 인물들 위에 있는 그(악마)는 영원히 그들의 주인이 되지 않을 것*이다. 지금 이 순간조차도 그는 자신의 안에 존재하는 악으로 목숨을 부지하는, 봉사의 자유를 알지 못하는 노예이다. 스스로 그 기술**의 전문가로 행세를 하며 존중하고 해석하려는 시늉을 했던 레비는 평소에 하던 조롱 그 이상을 보여주며 이 바포메트 같은 인물이 오컬트 학문과 마법이라고 단언했다. 또 다른 해설자는 신의 영역에서 악마가 정해진 예정predestination***을 상징한다고 말하지만, 신의 영역과 그 아래에 있는 짐승(같은 이)들의 것 사이에는 어떠한 연결 관계도 없다. 악마 카드가 상징하는 것은 에덴 동산the Mystical Garden에서 금지된 과실을 먹고 쫓겨나 그 경계에서 거주하는 자들이다.

XVI 탑 The Tower 이 카드에 관한 오컬트적 해석은 빈약하고 대부분 당황스러운 내용이다. 이 카드가 모든 측면에서 파멸을 묘사한다고 지적하는 것은 무의미하다. 카드가 그 증거를 그대로 보여주기 때문이다. 여기서 더 나아가 이 카드가 물질적 건축물이 첫 번째로 암시된 카드라고 하는 주장도 있지만, 나는 이 탑이 우리가 이전에 세 번 만난 기둥****보다 더 또는 덜 물질적이라 생각하지 않는다. 이 카드가 말 그대로 아담의 추락을 의미한다는 파푸스의 주장을 뒷받침할 근거를 찾을 수는 없으나, 그의 또 다른 주장인 영적인 말씀의 구현

---

* 인간이 악마를 불러온 것이지, 악마가 인간을 억지로 부리는 것이 아니라는 점을 말한다.

** 오컬트 기법과 마법occult science and magic.

*** 토마스 아퀴나스, 『신학요강』, 길, 2022, 208~220쪽 참고. 아퀴나스는 악惡을 본성이 아니라 (완전한 존재의) 결핍으로 규정했다. 따라서 본질적인 악이 완전함(또는 선)과 별개로 존재하는 것이 아니며, 피조물의 (자유 의지가 지닌) 결함 때문에 (일시적인) 결핍 상태에 있는 것이다.

**** 여사제, 교황, 정의 카드를 말한다.

을 나타낸다는 사실에는 뒷받침하는 근거가 있다. 서지학자 크리스티안은 이 카드가 신의 신비를 간파하려 했던 정신mind의 추락이라 생각했다. 나는 이 카드가 악이 득세했을 때 우리의 집이 맞을 파멸, 그리고 교리의 집House of Doctrine이 무너지는 것을 나타낸다고 하는 그랜드 오리엔트*의 의견에 동의한다. 그러나 나는 이 카드가 묘사한 것(교리의 집/그림 속 탑)이 거짓된 집이라는 것을 이해한다. 이 카드는 가장 알기 쉬운 방법으로 "주님께서 집을 지어 주지 않으시면, 그 짓는 이들의 수고가 헛되리라"**라는 오래된 진실을 표현한다.

어떤 의미에서 이 재앙은 바로 전의 (악마)카드를 반영한 것이지만, 내가 악마 카드를 설명하며 언급하려 했던 상징성의 면에 해당하지는 않는다. 더 정확히 말하자면 이는 비유의 문제다. 한쪽은 물질적이고 동물적인 상태로 추락하는 것에 대해 이야기하며***, 다른 쪽은 지성이라는 면에서 일어나는 파괴를 상징한다.**** 탑 카드는 오만에 대한 벌이며, 하느님의 신비를 간파하려다가 그에 압도된 식자識者에 대한 것이라 이야기되었다. 그러나 이 두 가지 해석은 (그림에 있는) 살아서 고통받는 두 명을 고려하지 않은 해석이다. 한 해석은 문자 그대로의 공허한 말일 뿐*****이고, 다른 해석은 잘못된 것******이다. 더 깊은 면에서 이 카드는 신의 역사하심dispensation의 종말*******을

* 그랜드 오리엔트는 글쓴이 자신이다. 자기 주장을 더욱 강하게 밀어붙이는 모습이다.

** 「시편」127장의 내용을 말하며, 바벨탑이 무너진 일련의 사건을 모티프로 했다는 점을 밝힌다.

*** 글쓴이가 악마 카드에서 묘사하려던 바를 말한다.

**** 인간 지성으로써 천국에 도달하려는 시도와 그에 따른 몰락.

***** 사문화된 법, 지켜지지 않는 계율, 교리와 같은 것들을 뜻한다. 이로써 글쓴이는 악마 카드에 들어가야 할 의미가 탑 카드에는 들어가지 않았다는 점을 분명히 한다.

****** 바벨탑 사건이 이 카드의 모든 뜻이 아니라는 점을 강조한다.

******* 단순히는 (종교/정치)체제이나, 신학에서는 경륜(신의 역사하심)의 끝을 뜻한다. 가스펠서브, 『교회용어사전』, 생명의말씀사, 2013(https://terms.naver.com/entry.naver?docId=2374896&cid=50762&categoryId=51365) 참고.

뜻할 수도 있지만, 이 카드에서 이런 질문이 유도될 가능성은 없다.

XVII 별 The Star 광선 8개로 이루어진 크고 빛나는 별이 마찬가지로 광선 8개로 이루어진 작은 별 7개에 둘러싸여 있다. 전경의 여자는 헐벗은 상태다. 그녀는 왼쪽 무릎을 땅에 꿇고 있고, 오른발은 물에 올렸다. 그녀는 큰 물병 두 개에서 생명의 물을 쏟아 바다와 육지에 물을 대고 있다. 그녀 뒤쪽에 땅이 솟아올라 있고, 오른쪽에는 관목 또는 나무가 있으며, 그 위에 새가 한 마리 앉아 있다. 여인은 영원한 젊음과 미를 상징한다. 별은 프리메이슨의 상징체계에 나타나지만, 그 체계 안에서 혼동되어 쓰였던 빛나는 별l'etoile flamboyante*이다. 이 카드가 살아 있는 배경에 전달하는 것은 천국의 본질과 그 요소이다. 이 카드가 전달하려는 메시지는 "막힘없는 생명의 물"과 "영의 선물"이라고, 진실되게 전해졌다.

몇몇 겉만 번지르르한 설명을 요약하면 이 카드는 희망의 카드다. 다른 설명은 이 카드가 불멸, 그리고 마음속의 빛이라고 확신했다. 준비된 자 대부분에게 이 인물은 드러난 진리의 형태로 보일 것이며, 이는 바래지 않는 아름다움이란 영예를 지녔다. 또, 이 인물은 그녀가 지닌 귀중한 것 일부를 혼soul의 물 위로 붓고 있다. 하지만 그녀는 실제로는 영적인 지혜를 의미하는 카발라의 세피라 비나Binah에서의 위대한 어머니**다. 그녀는 내보내는 것을 받아들일 수 있도록 아래에 있는 세피로트와 소통한다.

XVIII 달 The Moon 이 카드와 기존 카드의 차이점은 달의 감상자 시점에서 오른쪽, 이른바 자비의 부분이 차오르고 있다는 것이다. 주된 광선 16개와 부차적 광선 16개가 뻗어나오고 있다. 이 카드는 영혼의 삶과는 다른 상상의 삶을 표현한다. 두 탑 사이로 난 길은 미지로 향하는 길이다. 개와 늑대는 반사된 달의 빛만이 길을 안내하는 출구

---

* 이 별은 오망성이기에, 글쓴이가 상징을 대체/변용했다는 점을 암시한다.

** 셰키나를 말한다.

를 앞에 두고 일어나는 자연스러운 공포의 감정이다.

이때 반사된 빛은 상징성의 다른 형태에 대한 열쇠가 된다. 지성의 빛은 반사된 것이며, 그 너머로는 그 빛이 비추지 못하는 미지의 신비가 있다. 그 빛은 개, 늑대, 흉포한 짐승보다도 훨씬 열등한 그 이름 없는, 끔찍한 성향을 지닌 채 심연에서 기어나오는 것과 같은 우리의 야만적인 본능을 비춘다. 심연에서 나오는 그것은 깊은 물속에서 육지로 나오려 기어가는 것처럼 현현하려 애쓰지만, 대개는 온 곳으로 다시 가라앉는다. 마음의 얼굴이 아래쪽의 심란한 상황을 가만히 지켜보고 있다. 생각thought의 이슬이 아래로 떨어지고, 그것이 전하는 메시지는 다음과 같다. "잠잠해져라, 조용히 하여라."* 그렇게 된다면 야만적인animal 본성에 평온이 찾아올 것이며, 그 아래의 심연은 형태 갖추기를 포기하지 않을 것이다.

XIX 태양 The Sun 앞서(제1부 제2장) 나는 백마를 타고 붉은 깃발을 든, 헐벗은 어린아이의 모습이 이 카드와 연관해서 더 나은 상징적인 표현이라고 언급한 바 있다. 그 아이는 불가사의한 동쪽의 운명이자 인류의 끝없는 행렬보다 앞서 나아간 위대하고 성스러운 빛**이다. 아이는 울타리를 두른, 감성적 삶의 정원에서 나와 집으로 돌아가는 길을 떠나고 있다. 따라서, 이 카드는 지상에 떠 있는 찬란한 태양을 통해 나타나는 이 세상에 현현한 빛이 아이의 마음으로 표현되는, 앞으로 올 세상의 빛(열망보다 먼저 발생한다)으로 변화하는 것을 상징한다.

다만, 아이라는 대상에 대한 암시는 또 다른 상징성의 형태(나 측면으)로 이어지는 열쇠가 된다. 태양은 영Spirit 속의 의식이며, 반사된 빛인 달의 안티테제로서 직접적인 빛이다. 이에 따라 인간성의 특징적인 부분이 어린아이로 표현되었다. 이 어린아이는 천진난만함이라는 면에서 어린이, 지혜라는 면에서는 순결이다. 이 천진난만함이

---

* 「마르코 복음서」 4장 39절.

** 완성된 연금술의 정수를 비유한다. 이는 그의 다른 책 *Azoth Or The Star In The East*로 알 수 있다.

란 맥락에서 아이는 자연과 기술(본성과 마법)이라는 상징을 지니며, 순결함이라는 맥락에서는 되살아난 세계를 상징한다. 있는 그대로의, 타고난 정신 위의 의식 속에 자아의 영이 싹트면, 야생의 본성을 완전한 순응(순종)의 상태로 이끌고 간다.

XX 마지막 심판 The Last Judgment 앞서 나는 모든 타로 덱에서 이 형태가 근본적으로 변하지 않거나, 변화가 일어나더라도 그 성질에는 변화가 없다고 말한 바 있다. 이 카드에서 거대한 천사는 구름에 둘러싸여 있지만, 깃발이 달린 나팔을 분다. 깃발에는 다른 판본처럼 십자가가 그려져 있다. 죽은 자들이 무덤에서 일어난다. 오른쪽에서는 여성이, 왼쪽에서는 남성이, 그리고 둘 사이에서는 뒤돈 채로 그들의 아이가 일어나고 있다. 하지만 이 카드에서 부활한 존재는 이 세 명에 그치지 않는다. 그리고 현존하는 해석의 부족함을 보여주려 이렇게 변형한 데는 가치가 있었다고 생각한다. 세 인물이 하나 되어 경의, 경배, 황홀경에 빠져 있다. 그러한 상태가 (그림 속 인물들의) 태도에서 드러난다는 데 주목해야 한다. 이 카드는 마음속에서 들려온 천상의 존재가 전하는 부름에 대해 (모든 이가) 응답하는 과정이자, 위대한 변화가 완료되었다는 것을 나타낸다.

여기에 지금으로서는 더 잘 전달될 수 없을 의미가 시사되어 있다. "우리의 안에서 나팔을 불고, 그에 답하여 거의 순식간에, 눈 깜짝할 사이에 우리의 본성의 천박한 부분이 일어나게 하는 것은 무엇인가?" 더 멀리 볼 수 없는 자를 위해 이 카드가 계속 최후의 심판과 타고난 육체의 부활을 나타내도록(뜻하도록) 하자. 다만, 내면을 볼 수 있는 자에게는 카드 안에서 살펴 찾을 수 있게 하자. 그런(내면을 바라보는) 자는 이 카드가 과거에는 영생의 카드로 올바르게 불렸다는 사실을, 그러므로 절제라는 이름으로 통하는 카드와 비교할 수도 있다는 점을 이해할 것이다.

0 바보 The Fool 땅이 그를 제지할 힘이 없는 듯 가벼운 발걸음으로, 화려한 옷을 입은 젊은 남성이 세상의 높은 고지에 둘러싸인 절벽 끝

에 멈춰 있다. 그는 아래쪽에 펼쳐진 전경이 아닌, 파랗게 펼쳐진 먼 하늘을 바라본다. 그는 지금 멈추었지만, 걷는 데 열중하고 있다는 사실은 여전히 암시된다. 그의 개가 아직 뛰어오르고 있기 때문이다. 깊은 절벽으로 떨어지는 끝자락은 전혀 두려운 것이 아니다. 마치 그가 이 높은 곳에서 뛰어내리더라도 천사들이 그를 받치려 기다리고 있는 것처럼 말이다. 그의 표정은 지성과 기대하고 있는 꿈으로 가득 차 있다. 그는 한 손에는 장미를, 다른 손에는 값비싼 지팡이를 들었다. 오른쪽 어깨 위에는 기묘한 자수가 놓인 주머니가 지팡이에 달려 있다. 그는 나팔꽃morning glory* 속에서 차가운 공기를 마시며 이 세계를 여행하는 다른 세계의 왕자다. 뒤에서 비추는 태양은 그가 어디서 왔는지, 어디로 가는지, 그리고 많은 날이 지나 그가 다른 길로 어떻게 되돌아올지를 알고있다. 그는 경험을 찾으려 하는 영Spirit이다. 정립된 신비(제2부 제1장 및 66쪽 참고)의 많은 상징이 이 카드에 들어 있다. 그 상징들은 대단한 근거를 바탕으로 이 카드 이전에 존재하던 혼란을 모두 무로 돌려버린다.

그랜드 오리엔트는 『카드 점 안내서』에서 신비한 바보의 임무에 대해 흥미로운 제안을 내놓았다. 고차원적인 점술에서 이 카드를 어떻게 다룰 것인가와는 별개로 말이다. 그러나 그 제안을 실현하려면 보통의 재능만으로는 부족할 것이다. 우리는 이 카드가 평범한 점법占法에서 어떤 결과를 보여주는지 확인할 것이다. 그 결과로 카드가 말과 핑계로 쓰이는 이 정신적인 도박의 기술에서, 트럼프 메이저는 기존에 쓰이지 않았다는 사실을, 이런 사실을 깨달을 수 있는 자라면 너무나 명백하게 알 수 있다. 이러한 정신적인 도박(점술)이 생겨난 상황에 대해 우리는 아는 것이 거의 없다. 기존의 설명은 이 카드가 육체flesh와 감성의 삶을 의미했다고 한다. 또, 굉장히 우스꽝스럽게도 이 카드의 다른 이름은 한때 가장 분별력이 떨어지는 단계의 어리

---

* Morning glory가 나팔꽃을 의미하기 시작한 명확한 사례가 남은 시기는 1814년이다. 그만큼 보편적 표현이라는 점을 알 수 있다. 또한, 책 출간 시기를 감안할 필요가 있다. 1950년대 이후부터 이 표현은 대체로 부정적이거나 성적性的인 은어로 변용되었다.

석음을 묘사하는 (얼치기) 연금술사였다고도 한다.

XXI 세계 The World 메이저 트럼프의 마지막 메시지에 해당하는 이 그림은 기존과 차이점이 없고, 실제로 차이점이 생길 수도 없다. 따라서 이 카드가 지닌 더 깊은 의미는 이미 일부 설명되었다. 이 카드는 또한 우주의 완성과 끝, 그 안에 있는 비밀, 온 우주가 자신이 신 안에 속한다고 깨달았을 때의 황홀경을 표현한다. 한 걸음 더 나아가 이 카드는 자신에 대해 깨달은 영Spirit이라는 주제를 반영한, 신성한 환시 Divine Vision를 영접한 의식 속에 있는 혼Soul의 상태와 같다. 그러나 이러한 의미는 내가 물질적인 면에서 이야기한 내용에 영향을 주지 않는다.

이 카드는 대우주적인 면에서는 여러 메시지를 지닌다. 그 예시로, 현현顯現의 법칙이 자연스럽게 완벽한, 최고 단계에 도달했을 때 복구된 세계의 상태가 있다. 더 정확히 말하자면 모든 것을 선하다고 말할 수 있었던 때, 아침 별이 함께 환성을 지르고 신의 아들들이 모두 환호하던 그 먼 과거의 이야기*일지도 모른다. 이 카드에 대한 가장 저급한 해석은 카드의 인물이 마법사magus가 통과의례의 가장 높은 단계에 도달했을 때를 상징한다는 주장이다. 또 다른 (저급한) 해석으로는 인물이 절대성absolute를 나타낸다고 하는데, 이는 터무니없는 이야기다. 카드의 인물은 진리truth를 의미한다고들 하나, 그 의미는 17번째 카드에 배정하는 편이 더 적절하다. 마지막 (저급한) 해석으로, 이 카드가 마술사들의 왕관Crown of the Magi**으로 불렸다는 것이 있다.

---

* 선악과 사건 이전. 추방당하기 전의 에덴 동산과 같은 완벽함.

** 폴 크리스티안의 *The History and Practice of Magic*(1870)에서는 21을 마법사들의 왕관이라 칭하며, 글쓴이는 그의 주장을 논박하고 있다.

제3장 '큰 열쇠'에 관한 결론

Conclusion as to the Greater Keys

이전의 책*에서는 이른바 3개의 세계, 곧 신성한 세계, 대우주, 소우주에서의 상징성을 보여주려는 시도가 없었다. 이러한 시도로 진전이 이루어지려면 상당한 분량의 책이 필요할 것이다. 나는 물질적인 삶을 살며 영원한 것을 추구하는 인간에 대한 더 직접적인 의미라는 고차원적인 영역에서 카드를 해석했다. 『카드 점 안내서』의 편찬자**는 카드를 세 가지의 제목 아래 분석했다. 그 제목은 각각 점의 약간 진지한 측면과 동일한 인간 지혜의 세계, 종교에 헌신하는 삶을 의미하는 순응의 세계, "혼Soul이 자신의 탐구의 끝(완성)을 향해 나아가는 과정"인 달성의 세계다. 그는 또한 이 분류에 따라 독자가 참고할 타로 해석법을 세 부분에 걸쳐서 제시했다. 나는 그러한 방법을 제시하지 않을 것이다. 트럼프 메이저 각 카드를 깊이 생각하면 그보다 더 많은 것을 알 수 있다고 생각하기 때문이다. 또한, 카드를 히브리어 문자에 대응시키는 기존 해석도 차용하지 않았다. 그 이유는 첫째로 기본적인 내용을 안내하는 이 책에서 그 내용이 아무런 의미가 없기 때문이며, 둘째로 그 대응은 거의 대부분이 잘못되었기 때문***이다. 마지막으로, 다른 카드와의 관계를 바탕으로 카드 순서를 바꾸려 하지 않았다. 이에 따라 0번 카드가 20번 카드 뒤에 있지만, 세계 또는 우주 카드에 21번 이외의 번호를 붙이지 않도록 조심했다. 카드 배치 순서와 상관없이 0번 카드는 번호가 붙지 않은 카드다.

---

* 파푸스가 『보헤미안 타로』에서 제시한 체계를 말한다.

** 그랜드 오리엔트는 글쓴이 본인이다.

*** 장미십자회와 엘리파스 레비, 그리고 글쓴이가 속한 황금새벽회의 메이저 카드에 대한 히브리어 문자 대응 및 메이저 카드 순서는 모두 다르기에 이와 같이 서술한 것이다. 단, 이 셋 (및 글쓴이가 이 책으로 제시한 타로카드를 포함한) 모두 마지막 카드인 세계/우주는 동일하게 배치했다.

제2부를 마치며, 카드 중 가장 논란이 많은 바보 카드에 대한 추가적인 사실을 설명하려 한다. 이 카드는 외부로 향하는 여행, 첫 번째 발출*, 그리고 영Spirit의 품위와 수동성을 나타낸다. 인물이 짊어진 주머니에는 흐릿한 표식이 새겨져 있다. 이는 혼Soul에 다양한 무의식적인 기억들이 저장되어 있다는 것을 보여준다.

---

* the first emanation, 생명의 나무에서 처음으로 시작되는 경로를 말한다.

제3부

신탁의 표면적인 원리
The Outer Method of the Oracles

제1장 대비밀과 소비밀 아르카나의 구분

Distinction between the Greater and Lesser Arcana

대비밀과 소비밀 사이의 가교 노릇을 하는 것은 카드의 일반적인 순서로 볼 때 코트 카드, 곧 왕, 여왕, 기사, 종자page 또는 향사Squire다. 그러나 코트 카드와 트럼프 메이저의 가장 큰 차이는 카드가 기존에 지녔던 특성에서 볼 수 있다. 이 책을 읽고 있는 독자라면 코트 카드를 바보, 여사제, 교황 또는 이전의 카드(트럼프 메이저) 중 임의의 하나와 비교해보라. 거의 예외 없이 내 말의 의미를 이해할 수 있을 것이다. 통상적인 코트 카드에 표면적으로 연결되는 개념은 딱히 없다. 이 카드는 관행상 만들어진 연결 고리bridge로, 이후에 나올 숫자 카드의 말the counters*과 데너리(Ace~10의 숫자)가 지닌 단순한 의미로의 변화를 끌어낸다. 우리는 생생한 그림**이 보여주는 고차원적인 의미라는 영역을 완전히 벗어난 듯 보인다. 하지만 숫자 카드에도 그림이 그려져 있던 시기가 있기는 했다. 다만 그러한 카드는 일부 예술가가 산발적으로 만들어낸 것이었고, 상징성 면에서 전달되는 것과는 달랐다. 전형적이고 비유적인 기존 디자인과 다를 게 없거나, 말하자면 특정한 예절, 관행, 시기를 나타낸 삽화였다. 그 카드들은 간단히 말하면 장식품이었고, 소비밀의 중요성을 트럼프 메이저와 같은 정도로 끌어올리는 데 아무런 역할도 하지 않았을 뿐더러, (있더라도) 그러한 변형은 매우 적었다. 그럼에도 마이너 카드들에 더 고차원적인 의미가 있다는 뜬소문이 있다. 그러나 대부분의 오컬트 집단처럼 신중prudence하게 생각하더라도 아직까지는 그런 의미가 있다고 알려지지 않았다. 마이너 카드가 점술적인 면에서는 어느 정도 차이점이 있지만, 이들이 실제로 더 좋은 결과를 보여준다는 사실은 들어본 적

* 보드 게임에서 쓰는 말이나 카드 게임의 패, 토큰 같은 개념을 말한다.

** 메이저 아르카나를 말한다.

없다. 파푸스가 『보헤미안 타로』에서 보여준 것 같은 시도는 수많은 노력을 바탕으로 하며 그 자체로 가치 있다. 파푸스는 특히 트럼프 메이저에 신성한 의미가 내재한다는 것을 알아차렸고, 그 의미를 길게 나열된 소비밀에서 찾아보려 했다. 마치 그 배열이 (행)운의 세계를 통해 서서히 알려지는 은총의 세계를 표현한 것과 같다는 듯 말이다. 하지만 파푸스는 그 자신이 더 연구할 수 없는 독단적인 체계를 제시했을 뿐이며, 그 이상으로 논지를 펼치지는 못했다. 또한, 결과적으로 소비밀의 존재 의의를 보여주려 일반적인 점술 체계에 의지해야만 했다.

지금 나는 파푸스와 같은 문제를 마주하고 있지만, 그 문제를 해결하려 그나 다른 자들이 한 것처럼 숫자의 신비한 특성*을 이용하지는 않을 것이다. 나는 트럼프 메이저가 철학의 신성한 주제를 담고 있다는 점을 인정한다. 하지만 그 모든 것은 결국 운세 보기로 귀결된다. 이러한(철학의 신성한) 주제는 아직 다른 언어로 옮겨진 적 없기 때문이다. 따라서 내가 (운세 보기 및 카드 해석에) 도입하려는 방침은 점술 형태로 옮겨질 것이며, 필요에 따라 이 특정 기술의 영역에 포함되는 도박 형태도 차용할 것이다. 그리고 다른 차원의 주제에 대해서는 그 주제를 제대로 설명할 수 있게 따로 분리하려 한다. 이 주제를 자유롭게 소개하며 소비밀 56장과 일반적인 플레잉 카드 사이의 차이점이 실질적으로 미미할 뿐만 아니라(컵이 하트로 대체되는 등의 차이는 우연한 변화이므로) 한때 대부분의 플레잉 카드 한 벌마다 공통적으로 여왕 대신 기사가 들어갔던 시절이 있었다는 점을 부연할 필요가 있을 뿐이다. 이 책에 실린 개정된 타로에서는, 에이스를 제외한 모든 마이너 카드의 숫자 카드에 인물 또는 그림을 함께 그렸다. 이로써 각 카드에 해당하는 점술적인 의미를 훼손하지 않는 선에서 보여주려 했다.

평범한 자들 이상으로 관찰과 추론에 재능 — 예지력clairvoyance을 말하는 것은 아니다 — 이 있는 자는 많은 소비밀이 이 책에 언급된

---

* 수비학을 말한다. 여기서 글쓴이는 파푸스나 레비가 쓴 것들을 그대로 답습하지 않겠다고 선언하고 있다.

점술적 의미 이상의 것을 희미하게 암시한다는 사실을 알아차릴지도 모른다. 매우 드문, 사고에 가까운 우연을 제외하고는 이러한 차이점이 고차원적이며 점술의 영역을 뛰어넘은 상징을 제시한다고 해석해서는 안 된다는 점을 명시해 오해를 방지하는 편이 바람직하다. 나는 소비밀이 점술적인 언어 이상의 다른 언어로 옮겨진 적 없다고 말한 바 있다. 물론 (나는) 소비밀이 기존 형태 그대로 (점술을 넘어선) 다른 영역에도 속한다고 생각하지는 않을 것이다. 하지만, 점술이라는 기예가 무엇을 추정하느냐에 따라 점술의 가능성은 무궁무진하다. 그리고 모든 카드 점에 해당하는 체계를 통틀어도 현재 쓰이는 표상이 지닌 의미의 일부만 표현되어 있다. 우리가 다루는 카드가 기존의 의미 이상을 담고 있다면, 이는 기존의 의미가 그 연장선상으로 확장될 가능성을 드러내는 암시로 보아야 한다. 여기서 네 데나리(수트)에 적용된 그림이라는 장치가 여러분의 직관을 크게 도와준다고 입증될 이유도 있다. 단순히 수비학적인 힘과 의미를 나타내는 단어만으로는 충분하지 않다.* 그러나 그림은 누구도 예상하지 못했던 방으로 통하는 문과 방대한 가능성으로 향하는 너른 길 위의 굽잇길과 같은 역할을 해줄 것이다.

---

* 글쓴이는 마이너 아르카나를 해석할 때 수비학적인 내용만으로 이를 소화해 내는 것은 불가능하다는 점을 피력하고 있다.

제2장   작은 열쇠 또는 타로카드의 네 수트

THE LESSER ARCANA Otherwise, the Four Suits of Tarot Cards

이제 마이너 카드를 각 카드가 속한 수트에 따라 설명할 것이며, 모든 자료가 그 카드의 의미로 제시한 것들을 조화시켜 소개하고자 한다.

완드 수트THE SUIT OF WANDS

왕 이 카드에 배정된 육체적, 감정적인 특징은 거무스름한 피부색, 열렬함, 유연함, 활기참, 열정적임, 고귀함이다. 왕은 싹이 튼 지팡이를 들어 올리고 있고, 다른 세 수트에서처럼 왕관 밑에 모자cap를 쓰고 있다. 그는 사자의 상징과 연관되며, 그 상징이 그가 앉은 왕좌 뒤에 그려져 있다.

점술적 의미: 친절하고, 시골의, 정직하고 양심적인, 대체적으로 결혼한, 검은색 피부의 남자. 이 카드는 언제나 정직함을 의미한다. 조만간 유산을 상속받는다는 소식을 듣게 될 것을 의미할 가능성이 있다.

역위치: 선량하지만 엄격한, 또는 근엄하지만 관대한.

여왕 이 수트에서 나타나는 지팡이는 모두 나뭇잎이 나 있다. 이는 이 수트가 생명과 활발함을 의미하기 때문이다. 감정 또는 기타 다른 면에서 여왕 카드의 특성은 왕 카드와 비슷하지만 더 매력적이다.

점술적 의미: 피부가 검은 여자, 시골의, 친절한, 순결한, 다정다감한, 고결한. 이 카드 옆의 카드가 남자를 의미하는 카드라면 그녀는 그 남자를 좋게 생각하고 있다. 만약 여자를 상징하는 카드라면 그녀는 질문자에게 흥미를 보이고 있다. 또한, 돈에 대한 사랑이나 사업에서의 어떤 성공을 의미하기도 한다.

역위치: 선량한, 근검절약하는, 친절한obliging*, 남을 잘 돕는. — 특정한 위치 및 부정적 경향성을 띠는 다른 카드와 인접해 있을 때라면 — 대립opposition, 시기, 심지어 기만과 불륜infidelity**을 의미하기도 한다.

기사 이 인물은 마치 여행 중인 것처럼 보이며, 짧은 지팡이로 무장했고 갑옷을 입었다. 그러나 전쟁 같은 일을 치르고 있는 것은 아니다. 그는 언덕 또는 피라미드를 지나간다. 말이 취하는 동작은 기수의 특징을 이해하는 열쇠가 되며, 성급한 심정 또는 이 감정과 연관된 것을 암시한다.

점술적 의미: 출발Departure***, 부재, 탈출flight****, (타국으로의) 이주. 친절한, 검은 피부의 젊은 남성. 거주지 변경.

역위치: 불화, 분열, 중단, 다툼.

종자 앞서 다룬 카드와 비슷한 배경 속에서 한 젊은이가 뭔가를 선언proclamation하는 자세를 취하며 서 있다. 그는 세상에 알려지지 않은 자이지만 신앙심 있는 사람이다. 그가 전하는 소식은 낯선 것들이다.

점술적 의미: 검은 피부의 젊은 남성, 헌신, 애인a lover, (외교) 사절, 집배원. 남자를 상징하는 카드 옆에 이 카드가 놓인다면 그 남자에 대해 호의적인 증언을 할 것이다. 컵의 종자가 이 카드 뒤에 놓인다면 위험한 경쟁자를 의미한다. (이 카드는) 이 수트의 중요한 특성을 지니고 있다. 가족에 대한 소식을 의미할 수도 있다.

역위치: 개인적인 일화Anecdotes, 공지announcement, 홍보凶報. 우유부단함과 그에 따르는 불안정함.

* obliging의 어원은 라틴어 obligare이며, 이 단어는 수동적인 면에서의 친절함을 의미한다.

** 무신앙을 의미하기도 한다.

*** Departure의 어원은 나뉘는 것을 의미하는 라틴어 dispertire이며, 이는 무리와 구분되어 서로 떠나기 위해 출발하는 순간에서 기원한다.

**** 지금은 비행飛行을 의미하나, 비행기의 상용화 이전에는 탈출을 뜻했다.

10 자신이 나르는 지팡이 10개의 무게에 짓눌린 남성.

점술적 의미: 많은 의미를 지닌 카드이며, 몇몇 의미는 상충한다. 이 카드를 명예, 선의와 연관짓는 해석은 제외했다. 주요한 의미는 단순한 억압이지만 행운, 이득, 모든 성공, 그리고 그 모든 것에 따른 압박을 의미하기도 한다. 위선, 위장, 배신을 의미하기도 한다. 이 인물이 향하는 곳은 그가 짊어진 지팡이 때문에 피해를 입을 수도 있다. 이 카드 뒤에 검의 9 카드가 따라온다면 성공은 무의미해지며, 소송에 관한 해석이라면 반드시 손실이 있을 것이다.

역위치: 불일치(상반됨)Contrarieties*, 고난, 음모, 이와 비슷한 것들.

9 그림의 인물은 지팡이에 기대 마치 적을 기다리는 것처럼 무언가를 기다리는 표정을 짓고 있다. 그 뒤로 다른 지팡이 8개가 방책防柵처럼 질서 정연하게 서 있다.

점술적 의미: 이 카드는 뭔가에 대항할 힘을 나타낸다. 공격받는다면 이 인물은 용감하게 맹공할 것이며, 이 인물의 체격은 그가 만만찮은 상대가 될 수 있다는 것을 보여준다. 이런 중요한 의미와 함께 이 카드는 지연, 정지, 연기라는 부수적 의미 모두를 뜻한다.

역위치: 장애물, 역경, 재난.

8 이 카드는 넓은 지역을 통과해 지팡이가 날아가듯 움직이지 않는 것을 통해 움직임을 나타낸다. 그러나 그 움직임은 경로에 정해진 기간을 따라야 한다. 지팡이가 의미하는 것은 (이미) 가까이 있거나, 일어나기 직전일지도 모른다.

점술적 의미: 진행 중인 일/사업, 그 일의 방향성, 빠름(빠른우편과 같은 맥락에서의 신속함). 굉장히 서두름, 큰 희망, 행복이 약속된 결말을 향해 빠르게 이동하는 것. 이동하는 물체 전반, 사랑의 화살.

역위치: 질투의 화살, 내부 불화, 양심이 찔리다, 다툼, 결혼한 사람들에게는 가정 불화.

---

* 정확히는 두 개 이상의 무언가 사이에서 반대/불일치하는 것을 의미한다.

7 험준한 바위 언덕 위에서 젊은 남성이 지팡이를 휘두른다. 아래에 다른 지팡이 6개가 그를 향해 세워져 있다.

점술적 의미: 표면적으로 이 카드는 용맹을 의미한다. 6개가 하나를 공격하나, 그 하나는 유리한 고지를 점하고 있다. 지적인 면에서 이 카드는 토론, 말다툼을 의미하고 사업에서는 교섭, 무역 전쟁, 교역, 경쟁을 의미한다. 더 나아가 이 카드는 성공을 의미하는 카드다. 싸우는 사람이 가장 위에 있고, 그의 적은 아마도 그에게 닿을 수 없기 때문이다.

역위치: 당혹, 난처한 상황, 불안. 주저하고 있는 것에 대한 경고이기도 하다.

6 월계관을 쓴 기수가 월계관으로 장식된 지팡이를 하나 들었고, 그 옆으로 지팡이를 든 하인들이 있다.

점술적 의미: 이 카드는 여러 의미를 다룰 수 있도록 설계되었다. 겉보기에는 이 카드는 승자가 승리를 만끽하는 것이나, 왕의 파발꾼이 정식으로 전하는 매우 좋은 소식을 의미하기도 한다. 이 카드는 욕망으로 가득한 기대감, 희망의 왕관 등을 의미한다.

역위치: 우려, 승리를 거둔 적이 성문 앞에 닥쳐왔을 때 같은 공포, 배반, 성문을 적에게 열어버리는 것과 같은 불충, 기한이 정해지지 않은 지연.

5 젊은이 한 무리가 마치 운동경기를 하거나 싸우는 것처럼 지팡이를 휘두른다. 이것은 모의 전쟁이며, 다음에 나열할 이 카드의 점술적 의미가 이에 부합한다.

점술적 의미: 모의전과 같은 흉내, 또는 재물과 재산을 찾기 위한 역경과 고달픈 경쟁. 이러한 의미에서 이 카드는 삶을 위한 투쟁과도 연관된다. 따라서 이 카드를 돈, 이득, 부유함을 의미하는 카드라고 말하기도 한다.

역위치: 소송, 분쟁, 기만, 모순.

4 전경에 세운 큰 막대기 네 개에 화환이 매달려 있다. 여성 두 명이 꽃다발을 들었으며, 그들의 옆에는 해자를 가로질러 오래된 영주의 저택으로 향하는 다리가 놓여 있다.

점술적 의미: 이번에 한해서는 대부분 표면상으로 드러난 그대로 이해하면 된다. 전원생활, 피난처, 한 나라/가문/지역의 수확제(만찬)a species of domestic harvest-home, 휴식, 화합, 조화, 번영, 평화, 이들이 합쳐진 완벽한 결과물.

역위치: 카드의 의미가 바뀌지 않는다. 번영, 증가, 더할 나위 없는 행복, 아름다움, 장식embellishment.

3 침착한, 위엄 있는 인물이 관찰자를 등진 채 낭떠러지 끝에서 바다를 지나가는 배들을 보고 있다. 땅에 지팡이 세 개가 박혀 있고, 그는 그중 하나에 살짝 기대고 있다.

점술적 의미: 그는 확립된 힘, 대규모 사업, 노력, 무역, 상업, 발견을 상징한다. 바다 위를 항해하는 배는 인물의 소유이며, 그의 물건을 신고 있다. 이 카드는 사업에서 원활한 협력을 의미하기도 한다. 마치 성공한 대상인merchant prince이 당신을 도와주려 바라보는 것처럼 말이다.*

역위치: 골칫거리가 해결되다, 역경, 고난, 상심의 일시적인 또는 완전한 중단.

2 큰 남자가 흉벽胸壁**이 세워진 옥상에서 바다와 해안가를 내려다본다. 그는 오른손에 지구본을 들었고, 왼손에 쥔 지팡이는 흉벽 위에 세워져 있다. 다른 지팡이는 고리로 고정했다. 왼쪽에 장미, 십자가, 백합이 있다는 것에 주목해야 한다.

점술적 의미: 한편으로는 부, 행운, 호화로움을 의미하지만, 다른 한편으로는 육체적 고통, 질병, 분함, 슬픔, 치욕을 상징한다. 따라

---

* 이때, 이 카드는 관찰자가 대상인의 시점에서 자신을 관측하는 그림으로 해석된다.

** 가슴 높이까지 세워진 담.

서 두 해석을 동시에 적용할 수는 없다. 이 그림에 그려진 사람은 영주Lord다. 영주는 자신의 영토를 내려다보고 지구본을 보며 생각에 잠기는 행위를 번갈아가며 하고 있다. 마치 이 세상의 부귀영화를 한창 누리던 알렉산드로스대왕에게 닥친 질병, 치욕, 슬픔처럼 말이다.

역위치: 놀라움, 경이로움, 매혹enchantment*, 감정, 골칫거리trouble, 공포.

에이스 구름 속에서 나타난 손이 튼튼한 지팡이/곤봉을 잡고 있다.

점술적 의미: 창조, 발명, 대규모 사업, 이를 만들어내는 힘. 원칙, 시작, 근원. 탄생, 가족, 기원, 어떤 의미에서는 그 기반이 되는 남성성. 사업의 시작점. 다른 해석에 따르면 돈, 행운, 상속.

역위치: 추락, 타락, 파괴, 파멸, 죽음(지옥), 어떤 흐릿한 기쁨이 닳아 없어짐.

컵 수트THE SUIT OF CUPS

왕 그는 왼손에 짧은 홀을 들고, 오른손에는 커다란 잔을 들었다. 그의 왕좌는 바다 위에 세워져 있고, 그 한쪽에는 배가 항해한다. 다른 쪽에는 돌고래가 뛰어오르고 있다. 컵이라는 상징은 자연스럽게 물이라는 의미를 암시하며, 이 상징은 모든 코트 카드에서 나타난다.

점술적 의미: 피부가 흰 남자, 사업가, 법률가 또는 성직자, 책임감 있는, 질문자에게 베풀 마음이 있는 남자, 공평함, 예술과 과학, 그리고 이러한 분야와 법을 직업으로 삼는 사람이기도 하다. 창조적 지성.

역위치: 부정직한, 표리부동한 사람double-dealing man, 사기, 강요, 부당함, 악덕, 추문, 약탈, 꽤 많은 손실.

---

* charm과 달리 마법에 걸린 듯/아름다움을 보고 매우 큰 기쁨을 느끼는 것을 의미한다.

여왕 아름다운 흰 피부의, 꿈꾸는 듯한 인물이 잔 속에서 환상을 본다. 다만 이는 그녀의 다양한 면면 중 하나일 뿐이다. 그녀는 보기만 하는 것이 아니라 행동하기도 하며, 이러한 활동이 그녀의 꿈을 더 부풀게 한다.

점술적 의미: 선량한 흰 피부의 여인. 질문자를 도울 정직하고 헌신적인 여인. 애정 어린 지성, 그에 따른 예지의 재능. 성공, 행복, 쾌락. 그리고 지혜와 미덕. 완벽한 아내이자 좋은 어머니.

역위치: 다양한 해석이 있다. 선량한 여자, 그렇지 않다면 유명하지만 믿어서는 안 되는 여인, 고집 센 여인, 악덕, 불명예, 부패.

기사 우아하지만 호전적이지는 않다. 날개 달린 투구를 쓴 이 인물은 조용히 말을 타고 있다. 투구의 날개는 간혹 이 카드의 특징이 되기도 하는 상상의 고차원적인 품위를 나타내기도 한다. 그 또한 몽상가지만, (고차원적인 상상이 아닌) 감각적인 이미지가 그의 꿈 속에서 그를 따라다닌다.

점술적 의미: 도착, 접근(간혹 파발꾼의 도착 또는 접근을 의미하기도 한다), 진전, 제안, 품행, 초대, 선동incitement.*

역위치: 속임수, 계략, 교묘함, 사기, 표리부동함, 기만.

종자 흰 피부의 기분이 좋아 보이는, 다소 여성스러운 종자다. 신중히 살펴보며 열중하는 태도로 자신을 바라보고자 컵 안에서 올라온 물고기를 바라보고 있다. 생각이 형상을 취하는 것을 그린 그림이다.

점술적 의미: 흰 피부의 젊은 남자, 질문자를 도와야만 하는 사람이자 질문자와 관계가 있는 사람. 학구적인 젊은이, 소식, 메시지. 적용, 사색, 계획, 그리고 이것들이 사업에 적용되는 것.

역위치: 취향, 성향, 애착, 유혹seduction**, 기만, 술책.

---

* 정확히는 남의 마음을 폭력적/불유쾌한 방향으로 유도하는 것을 의미한다.

** 평소라면 안 할 짓도 유혹해서 시키는 것을 말한다.

10 무지개 안에 컵들이 있다. 아래의 부부 사이인 것이 명백한 남자와 여자가 그 잔을 경이와 황홀경 속에 바라본다. 남성이 오른팔로 여성을 감싸고, 왼팔은 들고 있다. 여성은 오른팔을 들었다. 그들의 근처에서 춤추는 두 아이는 이 광경을 보지는 못했지만 그 나름대로 행복하다. 그림 저편에는 집의 형상이 보인다.

점술적 의미: 만족, 온 마음의 평온, 그 상태의 완성. 사랑과 우정의 완성이기도 하다. 그림 카드 5~9장 정도Several와 같이 있다면 질문자가 관심 있는 것을 책임지는 자, 질문자가 살고 있는 마을, 도시 또는 국가.

역위치: 그릇된 마음의 평온, 분개하다indignation, 폭력.

9 잘생긴 사람이 마음껏 폭식했다. 남자 뒤에 자리한 아치형의 대 위에는 수많은 포도주가 놓여 있어 마치 미래 또한 보장된다는 사실을 의미하는 듯하다. 이 그림에는 물질적인 부분만 나타나 있지만, 다른 면도 있다.

점술적 의미: 조화, 만족, 물질적인 행복/안락bien-être. 또한 승리, 성공, 유리함. 질문자 또는 질문의 대상이 된 사람이 느낄 만족감.

역위치: 진실, 충성, 자유. 다만, 실수, 불완전 등을 포함해서 다양하게 해석할 수 있다.

8 실의에 빠진 모습의 남자가 행복, 대규모 사업, 맡은 일이나 이전에 지녔던 관심을 나타내는 컵을 버린다.

점술적 의미: 그림이 표면적으로 이 카드의 의미를 말해준다. 다만 다른 해석으로는 기쁨, 온화함, 수줍음, 명예, 겸손이라는 정반대의 의미를 지닌다. 실제 쓰일 때 이 카드는 대개 어떤 일의 쇠락을 나타내거나, 좋거나 나쁜 의미로 중요하다고 생각한 일이 실제로는 변변찮은 일이라는 것을 나타낸다.

역위치: 큰 기쁨, 행복, 축제(를 만끽함).

7 환상 속의 기묘한 잔들chalices. 다만 그 모습은 더 정확히 말하자면 기이한 영fantastic spirit이 만들어낸 이미지다.

점술적 의미: 요정의 호의, 반사된 상, 감상, 상상, 사색의 잔에서 발견한 것. 앞에서 말한 것들을 어느 정도는 달성하는 것, 다만 그 어떤 것도 영원하거나 실질적인 무언가를 의미하진 않는다.

역위치: 욕망, 의지, 결심, 계획.

6 오래된 정원 안의 어린이들. 아이들이 지닌 컵은 꽃으로 가득하다.

점술적 의미: 과거와 추억을 의미하는 카드다. 예를 들어서 어린 시절 같은 것들을 회상하는 일. 과거에서부터 오는 행복과 즐거움. 지금은 사라진 것들. 다른 해석은 이 해석을 뒤집어 새로운 관계, 지식, 환경을 의미한다고 한다. 이때 아이들은 낯선 구역에서 놀고 있는 것이다.

역위치: 미래, 새로운 시작, 머지않아 일어날 일

5 검은 망토를 걸친 침울해 보이는 인물이 넘어진 컵 세 개를 곁눈질하고 있다. 컵 두 개는 그의 뒤쪽에 세워져 있다. 배경에는 작은 요새 또는 소작지holding*로 통하는 다리가 있다.

점술적 의미: 상실을 의미하는 카드이지만 무언가가 남아 있기는 하다. 셋은 잃었지만 둘은 남아 있다. 이 카드는 상속, 유산, 전달에 대한 카드이지만 그에 대한 기대와 관련한 카드는 아니다. 일부 해석자는 이 카드를 결혼에 대한 카드라고 해석하지만, 그 결혼에는 괴로움과 좌절이 따른다.

역위치: 소식, 동맹, 친밀감, 혈족, 가문, 귀환, 어긋난 계획.

4 젊은 남성이 나무 아래에 앉아 자신 앞의 풀밭에 놓인 컵 세 개를 바라본다. 구름에서 나온 팔이 그에게 또 다른 컵을 권하고 있지만, 그는 처한 환경에 대한 불만을 표정에 내비치고 있다.

---

* 봉건제의 신하가 받은 봉지를 의미하기도 한다. 미리엄 웹스터 사전 참고.

점술적 의미: 싫증, 혐오, 기피, 마치 이 세상의 모든 와인이 (향, 취기 없이) 포만감만을 주는 것과 같은 상상 속의 불쾌한 일, 다른 와인이 요정의 선물마냥 이 남자에게 주어졌지만 그는 그 와인에서 아무런 위안을 얻지 못한다. 이 카드는 여러 가지가 뒤섞인 쾌락을 상징하는 카드이기도 하다.

역위치: 참신함, 전조, 새로운 가르침instruction, 새로운 관계.

3 처녀들이 정원에서 마치 축배를 드는 것처럼 잔을 들어올린다.

점술적 의미: 어떠한 문제가 충분히, 완벽히, 유쾌하게 완결되는 것. 행복한 일, 승리, 완료, 위로, 치유.

역위치: 신속함expedition, 파견, 달성, 끝. 이 카드는 과도한 물질적, 감각적인 쾌락이라는 측면을 의미하기도 한다.

2 젊은이와 처녀가 서로에게 축배를 들어올린다. 그들의 잔 위로는 헤르메스의 지팡이Caduceus가 솟아올라 있다. 지팡이의 거대한 두 날개 사이에는 사자의 머리가 자리한다. 이 지팡이는 카드의 몇몇 오래된 판본에서 나타나는 기호의 변형판이다. 기호에는 몇 가지 흥미로운 표상적 의미가 있지만, 지금 이 책에서는 다루지 않을 것이다.

점술적 의미: 사랑, 열정, 우정, 친밀감, 결합, 조화, 공감, 두 성별 사이의 관계, 그리고 점술의 그 어떤 영역과도 관계없는 해석으로, 자연에는 없지만 자연을 신성하게 하는 욕구*를 나타낸다는 해석이 있다.

에이스 그림 아래쪽에 물이 있고, 그 위에 수련water-lilies이 피었다. 구름에서 손이 나와 있으며, 손바닥으로 물줄기 네 가닥이 흘러나오는 컵을 들고 있다. 십자 표시가 된 성체를 부리에 문 비둘기가 그것을 컵 속에 넣고자 내려오고 있다. 물방울은 주위 모든 방향으로 떨어진다. 이것은 소비밀의 뒤에 있을지도 모른다는 데 대한 암시다.

---

* 핍 상징편 119~125쪽 참고.

점술적 의미: 진실된 마음의 집, 즐거움, 만족, 거주지, 길러짐, 풍부함, 비옥함. 성찬대聖餐臺*, 그로부터 나오는 지복至福.

역위치: 거짓된 마음의 집, 변이, 불안정, 혁명.

검 수트THE SUIT OF SWORDS

왕 그는 자신의 수트를 상징하는 검을 들고 판결하려 앉아 있다. 그는 트럼프 메이저의 정의 카드가 보여준 상징과 비슷하다. 그는 이러한 미덕을 나타내는 듯이 보이나, (이와 상관없이) 그 직위 때문에 삶과 죽음과 관계되는 힘을 나타낸다.

점술적 의미: 심판과 그와 관련한 개념에서 비롯한 모든 것 — 힘 (권력), 지배, 권위, 싸움에 대한 지능, 법, 왕의 직무 등.

역위치: 잔혹함, 비뚤어짐, 야만, 배신, 악한 의도.

여왕 그녀는 오른손으로 검을 세워 들고 있고, 칼자루는 그녀가 앉은 왕좌 위에 놓였다. 그녀는 왼팔을 들어올리고 손을 내미는 자세를 취하고 있다. 표정은 엄격하지만 동시에 누그러져 있는데, 그녀가 슬픔에 대해 잘 안다는 점을 암시한다. 이 카드는 자비를 의미하지 않는다. 검을 들고는 있지만, 딱히 힘을 상징하는 것은 아니다.

점술적 의미: 과부가 됨, 여성의 슬픔과 곤란함, 결핍, 불임, 애도, 궁핍함, 이별.

역위치: 악의, 완고함, 계략, 내숭, 불행, 기만.

기사 그는 마치 적을 흩어 놓으려는 듯, 전속력으로 말을 달린다. 이 그림에서 그는 정말로 낭만적인 기사도의 모범이 되는 영웅이다. 그를 갤러해드Galahad에 가깝다고 말해도 될 것이다. 그 마음이 정결하니 그의 검도 빠르고 확실하다.

* 가톨릭교회, 성공회, 루터교회 등에서 영성체를 행하는 상床이나 제대祭臺를 말한다. 이는 『구약성경』의 번제 개념 및 그리스도 최후의 만찬에서 유래된 것으로, 초대 교회에서는 식탁에 둘러서서 성찬을 거행한 것에서 유래한다.

점술적 의미: 기술, 용기, 능력capacity, 방어, 지시address*, 원한, 격노, 전쟁, 파괴, 적대, 저항, 파멸. 앞서 말한 이유 때문에, 어떤 의미에서 이 카드는 죽음을 의미한다. 다만 이 카드가 죽음을 의미하는 다른 카드와 인접해 있을 때에 한해 그렇다.

역위치: 경솔함, 무능력, 방종.

종자 유연하고 활동적인 인물이 빠르게 걸으며 두 손으로 검을 똑바로 세워 들고 있다. 그는 험한 땅 위를 걷는다. 그가 가는 길 주위로 구름들이 사납게 무리 지어 있다. 그는 기민하면서도 유연하게 이곳저곳을 둘러본다. 마치 적이 언제든 나타날 수 있다는 듯이 말이다.

점술적 의미: 권위, 감독, 첩보, 경계, 염탐, 조사, 이와 관련한 자질.

역위치: 위에서 언급한 자질들의 더 악한 측면, 예측하지 못한 것, 준비되지 않은 상태. 질병을 암시하기도 한다.

10 엎드린 인물이 카드 속에서 검 열 자루에 관통당해 있다.

점술적 의미: 그림으로 암시되는 모든 것, 아픔, 괴로움, 눈물, 슬픔, 고독함. 이 카드는 폭력적인 죽음**을 의미하지는 않는다.

역위치: (영원하지 않은) 유리한 위치, 이득, 성공, 호의. 또는 힘(권력)과 권위.

9 여인이 한탄에 잠긴 채 침대에 앉아 있고, 검은 그녀 위에 있다. 그녀는 다른 모든 슬픔보다도 강렬한 슬픔을 느낀다. 이 카드는 완전한 고독을 나타낸다.

점술적 의미: 죽음, 실패, 유산流産, 지연, 기만, 실망, 절망.

역위치: 감금, 의심, 불신, 이유 있는 공포, 수치.

---

* 누군가에게 말을 하거나 글을 쓰거나 정보를 전달하는 것. 케임브리지 사전 참고.

** 변사變死, 횡사橫死 등을 말한다.

8 여성이 눈이 가려진 채 묶여 있고, 이 카드 속의 검은 그녀 주위에 있다. 하지만 이 카드는 돌이킬 수 없는 구속이 아닌, 일시적인 감금을 의미한다.

   점술적 의미: 나쁜 소식, 격렬한 원통함, 위기, 비난, 구속된 힘, 갈등, 험담. 질병을 의미하기도 한다.

   역위치: 동요, 고난, 적대, 사고, 배반. 예측하지 못한 것. 숙명.

7 남자가 검 다섯 자루를 재빨리 옮긴다. 다른 검 두 자루는 그대로 땅에 꽂혀 있다. 근처에는 야영지가 있다.

   점술적 의미: 계획, 시도, 소망, 희망, 확신. 다툼, 실패할 가능성이 있는 계획, 귀찮은 일을 의미하기도 한다. 이 카드가 의미하는 것이 서로 크게 다르기에, 이 그림의 의미는 불분명한 감이 있다.

   역위치: 좋은 충고, 조언, 지시, 비방, (실없는) 수다.

6 뱃사공이 자신의 나룻배punt*에 승객을 태워 먼 곳에 있는 뭍으로 날라준다. 물은 고요하며 짐 역시 가볍다. 이러한 묘사를 보면 이 일은 뱃사공이 해낼 수 있는 일이라는 것을 알게 된다.

   점술적 의미: 해로를 통한 여행, 경로, 길, 사절, 위임받음, 방책方策.

   역위치: 선언, 고백, 공표. 어떤 해석에 따르면 사랑 고백.

5 업신여기는 표정의 남자가 낙담한 채 물러나는 두 사람을 지켜본다. 둘의 검은 땅에 떨어져 있다. 남자는 왼쪽 어깨에 검 두 자루를 메고 있으며, 세 번째 검을 땅을 향하게 오른손에 쥐었다. 그는 이 장소를 소유하는 주인이다.

   점술적 의미: 수모, 파괴, 폐지, 악행, 불명예, 손실, 이런 의미들의 변형 및 이와 비슷한 것들.

   역위치: 위와 같은 것들, 매장, 장례식.

---

* (삿대로 젓는) 너벅선의 일종. 바닥이 평평하고 양 끝이 사각형인 배다.

4 기도 자세의 기사 조각상이 관 위에 곧게 누운 형태로 올려져 있다.

점술적 의미: 경계, 후퇴, 고독, 은둔자의 휴식, 추방, 무덤과 관. 이 중 마지막 의미가 이 디자인을 만든 바탕이 되었다.

역위치: 현명한 관리, 용의주도함, 근검절약, 탐욕, 예방책, 유언.

3 심장을 검 세 자루가 꿰뚫고, 뒤에는 구름과 비가 오고 있다.

점술적 의미: 제거, 결핍, 지연, 분열, 불화, 해산, 그림이 자연스럽게 상징하는 것들. 상징하는 바가 너무 단순하고 명백하기 때문에 따로 열거하지 않는다.

역위치: 정신적인 소외감, 과실, 상실, 주의 산만함, 무질서, 혼란.

2 눈을 가린 여성이 어깨 위로 검 두 자루의 균형을 잡고 있다.

점술적 의미: 그림에서 연상되는 순응과 균형, 용기, 우정, 무장 상태에서의 평화. 다른 해석으로는 다정함, 애정, 친밀함이 있다. 화합과 다른 우호적인 해석*은 반드시 조건이 있다고 생각해야 한다. 인간의 일을 논할 때 칼은 대개 이로운 일을 하는 힘을 상징하지 않기 때문이다.

역위치: 사기, 거짓, 표리부동함, 불충.

에이스 구름에서 손이 나와 검을 쥐고 있다. 왕관이 검의 끝부분을 둘러싼다.

점술적 의미: 대성공, 만사에 대해 그 정도가 지나친 것, 정복, 힘에서의 승리. 이 카드는 사랑과 증오 양쪽에서 거대한 힘을 의미한다. 왕관은 점술이라는 영역에서 일반적인 경우보다 훨씬 중요한 의미를 지니고 있을지도 모른다.

역위치: 위와 같지만 그 결과는 참담하다. 다른 해석에 따르면 (추상적인 것이나 상징의) 발상conception, 임신, 출산, 증가, 다양성이라는 의미를 띠기도 한다.

* 위에서 언급한 순응과 균형 등의 모든 긍정적 의미가 그대로 적용되는 것이 아니라, 일정한 조건/제한이 있다는 것을 말한다.

오망성 수트THE SUIT OF PENTACLES

왕 이 인물에 특별한 묘사는 필요 없다. 그의 얼굴은 거무스름한 편이며 용기 있는 듯 보이지만, 좀 무기력한 성향으로 보이기도 하다. 황소 머리는 왕좌에 반복되어 등장하는 상징이기에 주목해야 한다. 이 수트의 문양은 오망성이 새겨지거나 조각된 모습으로 나타나며 인간 본질 속에서 네 가지 원소가 이루는 대응 관계, 네 가지 원소가 이를 통해 다루어지는 것을 나타낸다. 많은 옛 타로 덱에서 이 수트는 유통되는 동전, 화폐, 드니에를 의미했다. 나는 오망성이라는 대체제를 고안하지 않았고 이 대체제를 지지하는 특별한 이유도 없다. 하지만, 이 수트의 카드가 특별히 돈에 대한 카드가 아니기에 이 수트의 점술적 의미로 합의된 내용에 변화의 기미가 보이고 있다.*

 점술적 의미: 무용武勇, 실현시키는 지능, 사업과 일반적인 지적 능력, 간혹 수학적 재능과 그 성취, 그리고 이러한 것들에서의 성공.

 역위치: 악덕, 약함weakness, 추함, 괴팍함, 부패, 위험.

여왕 여왕의 얼굴은 거무스름한 여성을 연상시키며, 그 자질은 혼soul의 위대함이라는 개념으로 요약될 수 있다. 또한 그녀는 지성이 느껴지는 진지한 얼굴을 하고 있다. 그녀는 자신의 상징을 응시하며, 그 속에서 세계들을 보고 있을지도 모른다.

 점술적 의미: 부유함, 관대함, 웅장함, 안전, 자유.

 역위치: 악함, 의심, 불안, 긴장감, 공포, 불신.

기사 그는 자신이 상징하는 측면에 대응해서 느리고 지구력 있으며, (몸집이) 육중한 말을 타고 있다. 그는 자신의 상징을 드러내 보이나, 이를 들여다보지는 않는다.

 점술적 의미: 효용성, 유용성, 관심, 책임, 청렴함. 이 모든 의미는 일반적이고 외부로 보여지는 것이다.

  * 글쓴이는 단순한 금전이 아닌 가치를 지닌 것들까지 포괄하는 용도로 기존 상징에서 오망성으로의 변화를 주장하고 있다.

역위치: 타성에 젖은, 나태로 인한 휴식, 정체. 또한 평온, 좌절, 부주의함을 나타내기도 한다.

종자 젊은 인물이 들어 올린 양손 위에 떠 있는 오망성을 뚫어져라 바라본다. 그는 주변에 있는 것들에 무감각한 채 천천히 움직이고 있다.
  점술적 의미: 열중application, 공부, 학문, 사색. 다른 해석으로는 소식, 전언messages, 그리고 이 소식들을 가져오는 자. 통치와 관리를 의미하기도 한다.
  역위치: 방탕함, 탕진, 후함, 사치. 상서롭지 못한 소식.

10 집과 그 소유지로 통하는 입구인 아치 밑에 남자와 여자가 있다. 이들은 아이와 함께 있는데, 그 아이는 전경에 앉은 노인을 위협하는 개를 신기한 듯 쳐다본다. 아이의 손은 개들 중 하나 위에 놓였다.
  점술적 의미: 이익, 재물. 가족 사정, 옛 기록, 혈통, 가족의 거주지.
  역위치: 기회, 숙명, 손실, 강도, 운에 맡기는 게임games of hazard.[*] 간혹 선물, (결혼) 지참금, 연금年金을 의미하기도 한다.

9 여인이 손목 위에 새를 한 마리 얹은 채로 장원의 정원 안에서 자란 수많은 포도덩굴 가운데에 서 있다. 정원은 매우 넓어, 모든 것이 풍요롭다는 사실을 암시한다. 이 정원은 아마도 그녀의 소유물이며 물질적 행복의 증거가 된다.
  점술적 의미: 사리분별을 잘하다prudence, 안전, 성공, 달성, 확신, 안목.
  역위치: 사기, 기만, 백지화된 계획, 정직하지 않음bad faith.[**]

8 조각가가 작업하고 있고, 그 작업물을 트로피 형태로 전시한다.
  점술적 의미: 일, 직업, 의뢰받은 일, 손재주craftsmanship, 아마도

---

[*] 이 게임은 상당한 위험을 감수해야 한다. 미리엄 웹스터 사전 참고.

[**] 남을 대할 때 정직하지 않음. 미리엄 웹스터 사전 참고.

예비 단계the preparatory stage*에서의 공예와 업무의 기술.

역위치: 허망한 야심, 자만심, 탐욕, 강요, 고리대금업. 독창적인 지성이 교활함과 음모로 변질했다는 의미에서 기술의 소유를 나타내는 것일 수도 있다.

7 젊은 남성이 지팡이에 기대어 오른쪽 덤불에 붙은 오망성 일곱 개를 뚫어져라 바라본다. 사람들은 오망성이 그의 보물이며, 그의 마음은 오망성에 사로잡혀 있다고 말할 것이다.

점술적 의미: 의미가 서로 굉장히 모순된다. 주된 의미는 돈, 사업, 흥정이다. 하지만 다른 해석으로 논쟁, 다툼이 있고, 또 다른 해석으로 결백함, 창의성, 정죄를 나타낸다.

역위치: 돈과 관련된 불안의 근원을 의미하되, 그 돈을 빌려주겠다는 제안이 들어올 수도 있다.

6 상인같이 차려 입은 인물이 돈의 무게를 천칭으로 재고 있으며, 그 돈을 궁핍하고 가난한 자에게 나누어준다. 이는 그의 성공한 인생과 선량한 마음을 보여주는 증거다.

점술적 의미: 선물, 증여, 만족감. 다른 해석으로는 주의와 경계가 있고 지금이 바로 은혜로운 때라는 것, 현재의 번영 등을 의미한다.

역위치: 욕망, 탐욕, 시기, 질투, 환상.

5 두 탁발자mendicants가 눈보라 속을 헤치고 불이 켜진 여닫이창을 지나가고 있다.

점술적 의미: 이 카드는 그려진 그대로 빈곤 또는 다른 물질적인 문제를 나타낸다. 몇몇 카드 점술가는 부인, 남편, 친구, 정부情婦, mistress와 같은 사랑과 연인에 대한 카드라 말한다. 화합과 친밀감을 의미하기도 한다. 이런 대안적 의미들은 조화를 이룰 수 없다.

역위치: 무질서, 혼돈, 파멸, 불화, 방탕함.

* 어린아이가 남이 정확하게 뭘 하는지 이해하지는 못한 채 남의 행동을 따라하거나 모방하는 단계. 그림의 맥락상 견습, 도제를 말한다.

4 위에 오망성이 있는 왕관을 쓴 인물이 다른 오망성 하나를 두 손과 팔로 붙잡고 있다. 그의 발 아래에 오망성 둘이 자리한다. 그는 자신의 소유물을 굳게 붙잡고 있다.

   점술적 의미: 자신의 소유물에 대한 보증, 자신이 가진 것에 대한 집착, 재능, 유산, 물려받은 것.

   역위치: 유예, 지연, 적대.

3 수도원에서 일하는 조각가. 오망성의 8 카드의 그림과 비교해보라. 그 카드의 도제 또는 아마추어가 이제 보상을 받았으며 정식으로 일하고 있다.

   점술적 의미: 재능을 발휘하는 일Metier, 장사, 숙련 노동. 하지만 일반적으로 이 카드는 고결함, 귀족, 명성, 영광이라는 뜻이 있다.

   역위치: 일과 그 외 영역에서의 평범함, 철없음, 하찮음, 결점.

2 춤추는 젊은이가 양손에 오망성을 하나씩 들고 있으며, 그 오망성은 이전에도 말했던 숫자 8을 눕힌 모양의 끝없는 끈으로 연결되어 있다.

   점술적 의미: 한편으로 이 카드는 유쾌함, 오락, 그와 관련된 것을 의미하며 이것이 이 그림의 주제다. 그러나 이 카드는 글로 쓰여진 소식과 메시지, 장애물, 동요agitation, 골칫거리, 소동을 의미하기도 한다.

   역위치: 강제된 쾌활함, 꾸며진 유쾌함, 글자 그대로의 의미, 필적, 작품, (당좌수표, 우편환 등의) 환어음.

에이스 다른 카드와 마찬가지로 구름에서 나온 손이 오망성을 들고 있다.

   점술적 의미: 완벽한 만족, 큰 행복, 황홀경. 또한, 빠른 정보speedy intelligence, 그리고 황금.

   역위치: 부의 악한 면, 나쁜 정보bad intelligence, 또한 거대한 재물. 어떤 경우든지 이 카드는 번영과 안락한 물질적 상태를 나타낸다.

단, 이 부를 지닌 것이 당사자에게 이득이 되는지의 여부는 카드가
정위치인지 역위치인지에 따라 달라진다.

제3장 대비밀과 그 점술적 의미들
THE GREATER ARCANA AND THEIR DIVINATORY MEANINGS

여기까지 점술에서 소비밀의 의미를 살폈다. 점술의 진정한 본질은, 간결하게 표현하는 것이 유용하다는 대안에 달린 듯하다. 점술에 대한 기록은 가설에 따르면 경험에 근거해 과거의 발견을 기록한 것이다. 따라서 그 기록은 기억의 안내서인 셈이다. 그 요소를 완벽히 자기 것으로 소화할 수 있는 자들은 — 계속 (이) 가설에 따르자면 — 이런 경험을 바탕으로 한 해석을 제시할 수 있다. 그 해석은 공식적이고, 저절로 이루어지는 작업이다. 반대로 직관, 예지력, 천리안 등 무엇이라 부르든, 여하튼 그런 재능을 타고난 자들은 능력으로 발견한 것을 통해 과거의 경험을 보강하면서, 자신이 본 것을 신탁이라는 구실 아래 이야기할 것이다. 이제 남은 일은 점술에 의거해 트럼프 메이저에 배정된 점술적 의미를 간결하게 소개*하는 것이다.

1. **마법사** 기술, 외교, 지시, 교묘함. 질병, 고통, 상실, 재앙, 적의 함정. 자신감, 의지. (질문자가 남자라면) 질문자 자신.
   역위치: 의사, 마법사Magus, 마음의 병, 불명예, 불안.
2. **여사제** 비밀, 신비, 아직 밝혀지지 않은 미래. (질문자가 남자라면) 질문자가 관심을 가지는 여성, (질문자가 여자라면) 질문자 자신. 침묵, 끈기. 신비, 지혜, 지식science.
   역위치: 정열, 도덕적 또는 육체적 열정, 자만, 표면적인 지식knowledge.

---

* 글쓴이는 제2부에서 메이저 카드들의 점술적 의미를 서술하지 않았기에 이 장에서 언급하려 한다.

3. **여제** 비옥함, 행동, 결단력initiative*, 장수長壽, length of days**. 미지의 것, 은밀함. 곤란, 의문, 무지를 뜻하기도 한다.

    <u>역위치</u>: 빛, 진리, 관련한 문제들의 해결, 공적인 축하. 또 다른 해석에 따르면, 망설임.

4. **황제** 안정, 권력, 보호, 실현. 위인. 원조援助, 이성理性, 신념. 권위와 의지를 상징하기도 한다.

    <u>역위치</u>: 자비심, 연민, 신용. 적의 혼란, 방해물, 미성숙함을 뜻하기도 한다.

5. **교황** 결혼, 동맹, 구속, 예속. 다른 해석에 따르면 자비와 선량함. 영감. 질문자가 의지하는 사람.

    <u>역위치</u>: 사회, 좋은 식견good understanding***, 조화, 과도한 친절함, 약함.

6. **연인** 친근감, 사랑, 아름다움, 극복한 시련.

    <u>역위치</u>: 실패, 어리석은 계획. 다른 해석에 의하면 좌절된 결혼과 모든 종류의 모순Contrarieties를 의미한다고 한다.

7. **전차** 원조援助, 섭리와 전쟁, 승리, 뻔뻔함, 복수, 문제.

    <u>역위치</u>: 폭동, 다툼, 분쟁, 소송, 패배.

8. **강인함** 힘, 에너지, 행동, 용기, 관대함. 완전한 성공과 명예로운 것들을 의미하기도 한다.

    <u>역위치</u>: 폭정, 힘의 남용, 약점, 불화, 때때로 불명예를 의미하기도 한다.

---

* 무언가를 독자적으로 가늠하고 시작할 수 있는 능력, 다른 이들보다 먼저 행동하거나 담당/관장할 수 있는 힘이나 기회. 옥스퍼드 사전 참고.

** 그것들이 너에게 장수와 수명을, 그리고 행복을 더해 주리라For length of days, and long life, and peace, shall they add to thee. 『킹 제임스 성경』 「잠언」 3장 2절.

*** 좋은 식견은 호의를 불러오지만 배신자들의 길은 파멸에 이른다Good understanding giveth favour: but the way of transgressors is hard. 『킹 제임스 성경』 「잠언」 13장 15절.

9. 은둔자 지혜Prudence, 용의주도함. 특히 반역, 위선, 사기, 부패를 의미하기도 한다.

    역위치: 은폐, 위장, 빈틈없음, 공포, 불합리한 주의 또는 경고unreasoned caution.

10. 운명의 수레바퀴 운명Destiny, 행운, 성공, 승격, 운, 지복至福.

    역위치: 증가, 풍요, 과잉.

11. 정의 공정, 올바른 것, 정직함, 중역重役, executive. 법에서 정당한 쪽의 승리.

    역위치: 법의 모든 면, 법적인 문제들, 편협함, 편견, 과도한 엄격함.

12. 매달린 자 지혜, 신중함, 안목, 시련, 희생, 직관, 점, 예언.

    역위치: 이기적임, 군중, 정치적 통일체body politic.

13. 죽음 끝, 피할 수 없는 죽음, 파괴, 부패. 남자에게는 후원자의 상실, 여성에게는 수많은 상반되는 것, 처녀maid에게는 결혼 계획의 실패를 뜻한다.

    역위치: 무기력, 잠, 나태, 경직 상태, 몽유병. 파괴된 희망.

14. 절제 근검절약, 중용中庸, moderation, 검소함, 관리, 적응.

    역위치: 교회, 종교, 종파, 사제직과 관련된 것, 때때로는 심지어 질문자와 결혼할 성직자. 분열, 불행한 조합, 충돌하는 이해관계.

15. 악마 유린, 폭력, 격렬함, 비범한 노력, 힘force, 숙명. 이미 정해져 있지만 악하지는 않은 것을 의미한다.

    역위치: 악한 숙명, 약점, 하찮은 것, 맹목적임.

16. 탑 비참함, 괴로움, 가난, 역경, 재난, 불명예, 기만, 파멸. 이 카드는 특히 예측 불가능한 대참사를 의미한다.

    역위치: 어떤 해석에 따르면 위의 내용과 같지만 규모가 더 작은 것, 억압, 감금, 포학暴虐.

17. 별 상실, 도난, 궁핍함, 버려짐. 다른 해석으로는 희망과 밝은 전망이 있다.

    역위치: 거만함, 오만, 무기력함(자제심이 없음)impotence.

18. **달** 숨겨진 적, 위험, 비방, 어둠, 두려움, 기만, 오컬트적인 힘, 오류誤謬.

　　역위치: 불안정함, 변덕스러움, 침묵, 좀 더 사소한 기만과 오류.

19. **태양** 물질적 행복, 상서로운 결혼, 만족.

　　역위치: 앞서 말한 것과 동일하나 그 정도가 더 약한 것.

20. **마지막 심판** 입장 변화, 재시작, 결과. 다른 해석으로는 소송의 완전한 패배가 있다.

　　역위치: 약점, 무기력함pusillanimity, 단순함. 숙고熟考, 결정, 판결을 의미하기도 한다.

0. **바보** 어리석음, 열광, 방종, 도취, 섬망譫妄, delirium, 광란, 폭로 bewrayment*.

　　역위치: 태만, 부재, 분배, 부주의, 무관심, 무효, 헛됨.

21. **세계** 확실한 성공, 보수, 여행, 경로, 이주, 비행, 장소의 변화.

　　역위치: 관성, 고정, 정체, 영속성.

겉으로 드러난 의미가 너무나 매력적인 주장을 하는 경우를 제외하면, 점술이 트럼프 메이저에서 이끌어내는 의미는 내가 보기에는 가장 고차원적인 의미를 따졌을 때 인위적이며 제멋대로 붙여진 것이다. 다만 그 의미는 한 차원에서는 빛의 신비를 다루고 있고, 다른 차원은 공상의 영역이다. 점술의 영역을 이 카드들에 배정하는 것은 오랫동안 이어진 무례한 일대기다.

---

* 정확히는 누설하다, 배신하다라는 의미다. 다만, 이 단어의 어원은 wrēgan, wreyen으로, 고발하다의 뉘앙스를 가지고 있다. 콜린스 사전 참고.

제4장   소비밀의 추가적인 의미들

SOME ADDITIONAL MEANINGS OF THE LESSER ARCANA

완드 카드WANDS

왕   대체로 좋은 일, 좋은 결혼을 의미할 수도 있다.
　　　역위치: 따르는 것이 좋은 충고.

여왕   풍요로운 수확, 여러가지 의미로 받아들일 수 있다.
　　　역위치: 질문자에 대한 호의. 단, 이를 활용할 기회는 없다.

기사   나쁜 카드. 일부 해석에 따르면, 소외됨.
　　　역위치: 여성에게는 결혼. 다만, 십중팔구 실망스러운 결혼
　　　일 것이다.

종자   젊은 여자를 찾고 있는 가족 구성원 중 젊은 남자.
　　　역위치: 나쁜 소식.

10   좋은 카드 근처에 있다면 곤경과 모순.

9   전반적으로 나쁜 카드다.

8   기혼자에게는 가정의 불화.

7   피부색이 검은 어린아이.

6   하인이 주인의 신뢰를 잃을 수 있다. 젊은 여자라면 친구에
　　　게 배신당할 수 있다.
　　　역위치: 희망을 성취하는 것이 미뤄지다.

5   금전적인 투기speculation의 성공.
　　　역위치: 싸움을 유리하게 반전시킬 수 있을지도 모른다.

4   예상 못한 행운.
　　　역위치: 결혼한 여인이라면 예쁜 아이가 생길 것이다.

3   매우 좋은 카드. 협업은 기업에 이득이 될 것이다.

2   젊은 여인이라면 사소한 일로 실망하게 될 것이다.

에이스 모든 종류의 재난.
　　　역위치: 탄생의 신호.

컵 카드CUPS

왕   권위자가 가지는 악의, 도우려는 체하는 위선에 주의하라.
     역위치: 상실.

여왕   때때로 모호한 성격의 여성을 의미한다.
     역위치: (남자)풍요로운 결혼, (여자)성공한 사람과의 결혼.

기사   질문자에게 뜻밖의 금전적 소득을 가져다줄 친구의 방문.
     역위치: 불규칙함.

종자   좋은 조짐. 또는 불운한 사랑을 하는 젊은 남자.
     역위치: 모든 종류의 장애물.

10   질문자가 남자라면, 자신의 예상을 넘어선 좋은 결혼.
     역위치: 슬픔. 심각한 다툼.

9   군인에게는 좋은 징조.
     역위치: 사업 번창.

8   미녀와의 결혼.
     역위치: 완벽한 만족.

7   피부색이 하얀 아이. 아이디어, 계획, 다짐, 움직임.
     역위치: 컵의 3 카드와 함께 있다면 성공을 의미한다.

6   좋은 기억들.
     역위치: 조만간 유산을 상속받는다.

5   대체로 좋은 카드다. 행복한 결혼. 세습된 재산, 유산, 선물, 사업에서의 성공을 의미하기도 한다.
     역위치: 오랫동안 보지 못한 친척이 돌아온다.

4   모순.
     역위치: 불길한 예감.

3   군인에게는 예상치 못했던, 뜻밖의 진급.
     역위치: 위안, 치유, 사업 종료.

2   쾌락과 사업, 그리고 사랑과 관련된 좋은 징조. 부와 명예.
     역위치: 열정.

에이스 굽힐 수 없는 의지, 바꿀 수 없는 법.
     역위치: 예기치 않은 입장 변화.

검 카드SWORDS

왕   법률가, (상원) 의원, 의사.

    역위치: 나쁜 남자. 감당할 수 없는 재판을 끝내라는 경고.

여왕   과부.

    역위치: 질문자에게 악의를 품고 있는 나쁜 여자.

기사   병사, 전사, 주위를 맴도는 사람satellite*, 봉급을 받는 사람. 군인이라면 영웅적인 행동이 예측된다.

    역위치: 어리석은 자와 벌이는 논쟁. 여성이라면, 경쟁자와의 투쟁을 의미하며, 그 경쟁자를 꺾을 것이다.

종자   질문자의 비밀을 파헤칠 조심성 없는 사람.

    역위치: 놀랄 만한 소식.

10   에이스와 킹이 뒤에 나온다면, 감금. 부인이나 소녀에게는 친구가 행한 배신.

    역위치: 참전한 군인이라면 승리와 그에 따른 행운.

9   목사 또는 신부神父. 대체로 나쁜 징조.

    역위치: 의심스러운 인물에 대한 (그 의심의) 타당한 근거.

8   여성이라면 그녀에 대해 퍼진 추문.

    역위치: 친척과의 이별.

7   피부색이 검은 소녀. 좋은 카드다. 상당한 재산을 쌓은 후의 전원생활을 약속한다.

    역위치: 십중팔구 무시될 좋은 충고.

6   여행은 즐거울 것이다.

    역위치: 불리한 소송.

5   질문자의 재산에 대한 공격.

    역위치: 슬픔과 비탄의 징조.

4   나쁜 카드지만, 역위치일 때는 일을 현명하게 처리한다면 제한적인 성공을 거둘 수도 있다.

    역위치: 현명하게 처리한다면 따라올 확실한 성공.

---

* 이 단어는 1520년 경 고용된 대리인 또는 아부하는 추종자a hired agent or obsequious follower로 쓰인 용례가 최초다. 미리엄 웹스터 사전 참고.

3   여자라면, 연인의 도주.

   역위치: 질문자가 피해를 끼친 사람과의 만남. 또한, 수녀.

2   여인에게는 선물, 도움을 구하는 남자에게는 영향력 있는 보호.

   역위치: 범죄자를 상대함.

에이스 엄청난 풍요 또는 엄청난 고통.

   역위치: 여성에게는 자신의 경솔함 탓에 깨어진 결혼 생활.

오망성 카드PENTALCES

왕   피부색이 거무스름한 남자, 상인, 명인, 교수.

   역위치: 늙은, 부도덕한 남자.

여왕 피부색이 거무스름한 여자. 돈 많은 친척에게서 받은 선물, 젊은 남성에게는 풍요롭고 행복한 결혼.

   역위치: 질병.

기사 유익한 남자, 유익한 발견.

   역위치: 실직 상태의 용감한 남자.

종자 거무스름한 피부의 젊은이. 젊은 장교 또는 사병. 어린이.

   역위치: 때로는 좌천, 때로는 약탈.

10   집/거주지를 의미하며, 다른 카드에 따라 의미가 결정된다.

   역위치: 행운이거나 불운일 수 있는 상황.

9   인접한 카드가 예지하는 것의 신속한 성취.

   역위치: 헛된 희망.

8   질문자와 관계있는 사업에 종사하는 젊은 남자. 피부색이 거무스름한 소녀.

   역위치: 질문자는 돈을 빌려주는 문제에서 피해를 입을 것이다.

7   여인이 미래에 맞이할 남편의 향상된 지위.

   역위치: 성급함, 걱정, 의심.

6   현재에 기대서는 안 된다.

   역위치: 질문자의 야망에 대한 확인.

5   이성理性을 통해 행운을 쟁취함.

    역위치: 사랑과 관련해 발생하는 문제들.

4   미혼인 남자에게는 여인이 전해주는 기쁜 소식.

    역위치: 관측, 방해물.

3   남자라면, 가장 나이 많은 아들이 명성을 얻는다.

    역위치: 인접한 카드에 따라 달라진다.

2   (질문자의) 근심은 사실이 아닌 상상에 가깝다.

    역위치: 나쁜 징조, 무지, 부당함.

에이스 모든 카드 중 가장 좋은 카드.

    역위치: 보물을 발견하는 데 일조한다.

이로써 다음과 같은 사실을 발견할 수 있다. (1) 이러한 추가 의미들은 카드 그림과 거의 상관없다. 왜냐하면 카드 그림이 더욱 중요한 추측에 해당하기 때문이다. (2) 여기에 추가된 의미들은 이전(제3부 제2장 참고)에 설명했던 의미와 맞지 않는 경우가 많다. 모든 의미는 서로 관계없이 따로따로 존재한다. 모든 의미가 축소, 강조, 변형되었다. 간혹 (카드의) 순차적인 위치와 거의 정반대의 의미를 지닌다. 이에 관해서는 비평 기준이 거의 없다.

이에 대한 내 추측은 다음과 같다. 체계는 일반론에서 세부적 차원으로 내려가며 더 불안정해지는 법이다. 또, 전문적인 점술 기록에서 이런 것들은 그 주제와 관련한 찌꺼기에 가깝다. 한편, 직관과 천리안second sight을 활용하는 점술은 보편적인 것의 영역에서 세부적인 것의 영역으로 내려오지 않는 한 거의 실용적이지 않다. 그러나 특정 사례에서 이러한 재능이 존재하는 데 비해, 옛 카드 점술가들이 남긴 구체적인 기록은 무시되고, 카드 의미의 개인적인 해석이 이를 대체할 것이다.

이는 이미 (앞서 말한 내용들로) 암시되었던 사실이다. 이제, 나는 다음과 같이 추측에 따른 해석을 추가해야 할 듯하다.

제5장 운용運用에서의 재귀再歸

THE RECURRENCE OF CARDS IN DEALING

정위치일 때

	네 장	세 장	두 장
왕	큰 명예	상담	사소한 조언
여왕	큰 논쟁	여성에 의한 사기	참된 친구들
기사	심각한 문제	활발한 토론	친근감
종자	독한 질병	분쟁	불안
10	비난	새로운 상황	변화
9	좋은 친구	성공	수령
8	반전	결혼	새로운 지식
7	음모	허약함	소식
6	풍부함	성공	성급함
5	규칙적임	각오	철야vigils*
4	조만간 떠날 여행	숙고할 주제	불면증
3	진전	합일	평온함
2	언쟁	보안security	합치
에이스	유리한 기회	작은 성공	사기

* 본래는 야간 예배를 뜻한다. 단어 의미만 보자면 밤에 기도를 올리거나 시위하는 등의 이유로 사람들이 모여 조용히 깨어 있는 시간. 어원은 라틴어 vigilia에서 왔으며, 축제 전날 밤에 망을 보는 것을 뜻한다. 콜린스 사전 참고.

역위치일 때

	네 장	세 장	두 장
왕	기민함	상업	계획들
여왕	나쁜 동료	폭식	일
기사	동맹	결투/개인적 만남	감정적으로 민감함
종자	궁핍	나태	사회
10	[진행 중인] 사건	실망	정당한 기대
9	고리대금	경솔함	작은 이득
8	실수	장관	불운
7	다투는 자들	기쁨	평판이 나쁜 여자
6	주의	만족	몰락
5	질서	망설임	반전
4	만연함(질병 등)	불안	분쟁
3	큰 성공	고요함	안전safety
2	화해	(미래에 대한)우려	불신
에이스	불명예	방탕함	적들

제6장 타로 점의 기술
THE ART OF TAROT DIVINATION

이제 우리가 다룰 주제의 마지막인 실용적인 부분, 타로카드를 통해 신탁을 찾고 그 결과를 얻는 방법에 대한 부분에 도달했다. 타로카드로 점을 치는 방법은 꽤 다양하며, 그중 일부는 지나치게 복잡하다. 그런 복잡한 방법은 제외할 것인데, 이는 타로 점The Divining Tarot에 정통한 사람들이 간단한 방법이야말로 진리라 믿기 때문이다. 또한, 최근 『보헤미안 타로』의 "타로 점"이라는 이름의 장에서 다시 소개한 점법도 제외할 것이다. 그 진정한 가치를 고려했을 때, 이 안내서를 뛰어넘어 더 멀리 나아가려는 독자에게는 추천할 수도 있을 것이다. 먼저 나는 잉글랜드, 스코틀랜드, 아일랜드에서 오랫동안 은밀히 쓰여온 간단한 방법을 보여줄 것이다.* 이 방법이 (공개적으로) 타로카드 관련 책에 소개된 적 없는 것은 확실하다. 나는 이 방법이 모든 목적으로 쓸 수 있다고 생각하지만, 변화를 주고자 두 번째로는 프랑스에서 줄리아 오르시니의 신탁Oracles of Julia Orsini이라고 알려져 있던 방법을 소개하겠다.

---

* 글쓴이는 은밀히 쓰였다고 주장하나, 이는 자신 또는 자신이 속한 집단에서 만들어낸 배열을 소개하기 위한 부연 설명이다.

제7장 고대 켈트족의 점법
AN ANCIENT CELTIC METHOD OF DIVINATION*

이 방법은 명확한 질문에 대한 답을 얻는 데 가장 적합하다. 점술가는 먼저 질문자/문제를 상징하는 카드를 선택한다. 이를 지시 카드 Significator**라고 한다. 자신과 관련한 것을 알고 싶다면 자신과 관련한 카드를 골라야 한다. 질문 대상이 40세 이상 남자라면 지시 카드는 기사Knight여야 한다. 그보다 어린 남자라면 왕King, 40세 이상 여자라면 여왕Queen, 그보다 어린 여자라면 종자Page 카드를 지시 카드로 선정해야 한다.

완드의 네 코트 카드는 매우 흰 피부에 머리칼이 황색/적갈색이고 눈동자가 푸른 사람을 나타낸다. 컵의 네 코트 카드는 연갈색/흐릿한 금발머리에 눈동자가 회색/푸른 사람을 상징한다. 검의 네 코트 카드는 눈동자가 적갈색hazel/회색이며, 짙은 갈색 머리칼에 피부색이 칙칙한 사람을 상징한다. 마지막으로 오망성의 네 코트 카드는 매우 짙은 갈색/검은색 머리카락, 검은 눈동자, 누르스름한/거무스름한 피부색의 사람에 대응한다. 그러나 이러한 배치는 다음과 같은 제한을 받는다. 그리고 이런 제한으로써 너무 진부해지는 것을 막을 수 있을 것이다. 당신이 질문자 카드를 결정할 때 그 사람의 성미를 바탕으로 정할 수도 있다. 피부색이 과하게 어두운 사람이 매우 활기찰 수도 있는데, 이때는 오망성 카드보다 검 카드로 나타내는 것이 더 적절하다. 반대로, 피부색이 매우 하얀 사람이 게으르고 나태하다면 완드 카드보다 컵 카드를 참고해야 한다.***

점의 목적에 따라 질문하려는 문제에 대한 지시 카드를 선택하는

---

* 널리 알려진 켈틱 크로스 배열Celtic cross spread이다.

** 이 단어는 기표signifier에서 기원하며, 1570년대 이후부터 특정인(본문에서는 질문자)을 뜻하는 단어로 쓰였다.

*** 이러한 인종 구분은 현재 쓰이지 않는다.

것이 더 편리하다면, 그 문제와 관련한 의미를 지닌 메이저/마이너 카드를 지시 카드로 선택해야 한다. 예를 들어 "소송이 필요할까?"를 질문한다면 지시 카드로는 11번 카드, 정의를 선택한다. 그 카드가 법적인 일과 관계있는 카드기 때문이다. 반대로, 만약 질문이 "내가 소송에서 승리를 거둘 수 있을까?"라면, 지시 카드로는 코트 카드 중 하나를 선택해야 한다. 그 후 (해당 사안에 대한 내용을) 추가적으로 점 쳐 소송 과정의 경과와 각 당사자가 경험할 결과를 확인할 수 있다.

지시 카드를 선택했다면 그 카드를 앞면이 위로 오게 테이블 위에 올려놓는다. 이후 나머지 카드를 섞고 나누는 과정을 3회 반복한다. 이때, (남은) 카드의 앞면은 계속 아래를 향해야 한다.

섞인 카드 뭉치의 맨 위 카드를 뒤집고, 지시 카드를 그 카드로 덮 는다. 그리고, "이 카드가 그를 덮는다This covers him."라고 말한다. 이 카드는 질문의 대상이 되는 사람 또는 문제에 전반적으로 작용하는 영향력 및 다른 흐름들이 작용하는 주변 상황을 보여준다.

두 번째 카드를 뒤집어 첫 번째 카드를 가로질러 놓고, "이 카드가 그를 가로지른다This crosses him."라고 말한다. 이 카드는 문제가 지니 는 장애물의 성질을 나타낸다. 이 카드가 좋은 카드면 방해하는 것은 심각하지 않거나, 그 자체로는 좋은 것이 이 (배열에 나타난 다른 카드) 들과 조합될 때 장점을 발현하지 않는다는 것을 의미할 수 있다.

세 번째 카드를 뒤집어 지시 카드 위쪽에 놓는다. 그리고, "이 카드 가 그의 위에 있다This crowns him."라고 말한다. 이 카드는 (a) 이 문제 에서 질문자의 목표/이상, (b) 이 상황에서 얻을 수 있지만 아직 실현 되지 못한 최선의 결과를 나타낸다.

네 번째 카드를 뒤집어 지시 카드 아래쪽에 놓는다. 그리고, "이 카 드가 그의 밑에 있다This is beneath him."라고 말한다. 이 카드는 문제 의 근원 또는 기반을 나타낸다. 이는 이미 현실화되었고 지시 카드가 자신의 것으로 삼은 것이다.

다섯 번째 카드를 뒤집어 지시 카드가 바라보는 방향의 반대 방향 에 놓는다. 그리고, "이 카드가 그의 뒤에 있다This is behind him."라고 말한다. 이 카드는 막 지나간 영향력 또는 지나가고 있는 영향력을 보여준다.

참고: 지시 카드가 어느 한 방향을 바라보고 있다고 할 수 없는 메이저/마이너 카드라면, 해석자는 점을 치기 전에 반드시 이 카드가 어느 쪽을 바라본다고 간주할 방향을 미리 정해두어야 한다.

여섯 번째 카드를 뒤집어 지시 카드가 바라보는 방향에 놓는다. 그리고, "이 카드가 그의 앞에 있다This is before him."라고 말한다. 이 카드는 현재 이미 영향을 미치고 있거나, 가까운 미래에 발휘될 영향력을 보여준다.

카드들은 이제 십자가의 형태로 배치되었고, 그 중앙에는 첫 번째 카드로 덮인 지시 카드가 있다.

다음 네 장의 카드는 연속적으로 뒤집어 십자가 오른쪽에 먼저 뒤집은 카드가 아래로 가도록 일렬로 하나씩 배치한다.

그중 첫째 카드, 전체적으로는 일곱 번째 카드는 사람이든 사물이든 자기 자신, 즉 지시 카드를 의미하며, 그 대상이 (질문 주제와 관련한) 상황 안에서 취하는 위치 또는 태도를 보여준다.

여덟 번째 카드는 그의 집, 즉 질문과 관련한 환경과 그 환경 안에서 작용하는 경향성을 나타낸다. 예를 들면 삶에서 그가 점한 위치, 가까운 친구들의 영향력 등이 있다.

아홉 번째 카드는 문제에 대한 그의 희망 또는 두려움을 보여준다.

열 번째 카드는 이 점사에 나타난 다른 카드들이 보여준 영향에 따라서 발생할 최종 결과를 의미한다.

이 카드는 해석자가 자신의 직관력, 그리고 카드가 지닌 공식적인 의미들에 대한 기억력을 특히 집중해야 하는 카드다. 이 카드는 지시 카드 자체와 지시 카드와 관련된 카드를 포함해서, 테이블 위에 있는 다른 카드를 바탕으로 알아낸 내용을 나타내야 한다. 신탁oracle에 도움이 되는 카드이자 해석해야 하는 카드로 메이저 카드가 나왔다면, 하늘에서 벼락처럼 떨어진 빛과 같이 더 높은 의미를 비추는 빛도 배제하지 말라.

점은 이제 완료되었다. 하지만, 만약 마지막 카드가 모호한 성질을 품고 있어 하나의 결론을 이끌어낼 수 없거나 문제의 궁극적인 결론을 가리키는 것처럼 보이지 않는다면, 원래의 지시 카드 대신 그 열 번째 카드를 지시 카드로 삼아 이 과정을 반복하는 것이 바람직하다. 카드 뭉치를 다시 세 번 섞고 나누어야 하며, 이전과 같은 방식으로 위부터 열 장의 카드를 배치한다. 이로써 "앞으로 일어날 것"에 대한 더 자세한 설명을 얻을 수 있다.

만약 점치는 과정에서 열 번째 카드가 코트 카드라면, 점의 주제가 결과적으로는 그 카드로 표현되는 사람의 손에 달려 있고, 결말도 그 사람에게 달려 있다는 것을 의미한다. 이때도 이 코트 카드를 지시 카드로 삼아 새로이 이 과정을 반복하고, 코트 카드가 질문 주제에 끼치는 영향력의 본질이 무엇인지, 이 코트 카드가 어떤 사안에 이 영향력을 투사하는지 알아보는 것이 유용할 것이다.

선천적/후천적 통찰력처럼 점치는 사람의 재능에 따라서 달라질 수는 있겠으나, 이런 방법으로 비교적 짧은 시간 안에 뛰어난 재주를 얻을 수 있다. 이 방법은 모든 문제에서 자유롭다는 특별한 장점을 가진다.

이런 방법으로 점칠 때 늘어놓은 카드 배치 그림을 첨부한다. (그림에서) 지시 카드는 첫 번째 카드에 덮여 있고, 왼쪽을 향하고 있다.

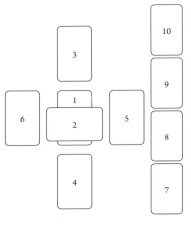

1. 그를 덮는 카드
2. 그를 가로지르는 카드
3. 그의 위에 있는 카드
4. 그의 밑에 있는 카드
5. 그의 뒤에 있는 카드
6. 그의 앞에 있는 카드
7. 그 자신
8. 그의 집
9. 그의 희망 또는 두려움
10. 앞으로 일어날 일

제8장 타로카드를 해석하는 또 다른 방법*
AN ALTERNATIVE METHOD OF READING THE TAROT CARDS

모든 카드를 섞고, 위아래를 바꾸고자 일부 카드를 회전시킨다.

질문자가 왼손으로 카드를 나누게 한다.

맨 위부터 카드 마흔두 장을 앞면이 보이게 분배해 일곱 장씩 6개 묶음이 되도록 한다. 첫 일곱 장 카드가 첫 번째 묶음, 그다음 일곱 장 카드가 두 번째 묶음이 되는 식으로 해서 다음 그림처럼 분배한다.

6번째 묶음	5번째 묶음	4번째 묶음	3번째 묶음	2번째 묶음	1번째 묶음

첫 번째 묶음을 들고, 오른쪽에서 왼쪽으로 일렬로 늘어서도록 카드를 펼친다. 두 번째 묶음을 그 위에 펼치고, 그 뒤 남은 묶음도 같은 방식으로 펼친다. 이제 아래와 같이 각 여섯 장의 카드로 구성된 7개의 새로운 묶음이 만들어졌다.

7번째 묶음	6번째 묶음	5번째 묶음	4번째 묶음	3번째 묶음	2번째 묶음	1번째 묶음

각 묶음의 맨 위 카드를 모아서 섞고 오른쪽부터 왼쪽으로 늘어놓아 카드 일곱 장으로 구성된 한 줄을 만든다.

그 뒤 각 묶음의 다음 두 장의 카드들을 모아서 섞고, 첫 줄 아래쪽에 두 줄로 늘어놓는다.

---

* 제6장에서 언급한 줄리아 오르시니의 기법을 말한다.

마지막으로, 묶음에 남은 스물한 장의 카드를 섞고 다른 줄 밑에 세 줄로 늘어놓는다.

이렇게 하면 아래처럼 각 일곱 장의 카드로 이루어진 가로 줄 여섯 개가 배열된다.

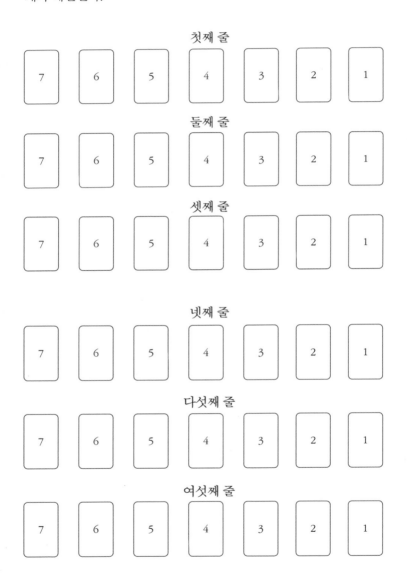

첫째 줄

| 7 | 6 | 5 | 4 | 3 | 2 | 1 |

둘째 줄

| 7 | 6 | 5 | 4 | 3 | 2 | 1 |

셋째 줄

| 7 | 6 | 5 | 4 | 3 | 2 | 1 |

넷째 줄

| 7 | 6 | 5 | 4 | 3 | 2 | 1 |

다섯째 줄

| 7 | 6 | 5 | 4 | 3 | 2 | 1 |

여섯째 줄

| 7 | 6 | 5 | 4 | 3 | 2 | 1 |

이 방법에서는 질문자가 남자라면 마법사 카드가 그를 상징하며, 여자라면 여사제 카드가 그녀를 상징한다. 하지만 카드 마흔두 장이 이렇게 배열되기 전까지 그 카드를 카드 뭉치에서 미리 뽑아서는 안 된다. 테이블 위의 카드에서 필요한 카드가 없을 때는, 분배되지 않은 나머지 서른여섯 장 중에서 찾아 첫 번째 줄에서 조금 떨어진 곳에 놓는다. 반대로 필요한 카드가 테이블 위에 있다면 카드를 이러한 위치에 놓고, 남은 카드 서른여섯 장 중에서 임의로 한 장을 뽑아 빈자리를 채워 테이블 위에 여전히 카드 마흔두 장이 펼쳐지도록 한다.

그 뒤, 첫 번째 줄의 1번 카드부터 마지막 줄의 가장 왼쪽 카드인 7번 카드까지 모든 카드를 순서대로 읽는다.

이 방법은 질문자가 자신의 인생과 운명에 대해 전반적으로 알고 싶을 때와 같이 질문이 명확하게 주어지지 않았을 때 권장된다. 질문자가 어느 특정한 시기에 일어날 일에 대해 알고 싶다고 한다면, 그 시기는 카드를 섞기 전에 명시해야 한다.

카드 해석에 대해 조금 더 말하자면, 카드 해석은 주제와 관련해 이루어져야 한다는 점을 염두해야 한다. 이는 다음과 같은 의미인데, 즉, 카드의 모든 공식적인 기존 의미를 질문자 또는 질문의 대상의 지위, 나이, 성별과 같은 질문의 조건과 조화를 이루도록 변형시켜도 되며, 그래야 한다는 것을 기억해야 한다.

예를 들어 바보 카드는 단순한 흥분부터 광기 사이의 모든 마음의 상태를 의미할 수 있으나, 점을 칠 때마다 구체적인 카드의 의미는 전반적인 경향을 고려해 판단해야 한다. 그리고 이런 맥락에서 당연히 직관적 능력이 중요한 역할을 한다.

카드 해석을 시작할 때는 질문 주제의 전반적인 인상, 즉 운명의 경향성을 파악할 수 있도록 카드를 빠르게 훑어보는 편이 좋다. 그 뒤, 다시 처음으로 돌아가 카드를 하나씩 해석해가면서 자세히 해석한다.

타로 가설에 따라, 트럼프(메이저)가 작은(마이너) 카드와 비교했을 때 더 강력하고 강렬한 힘을 나타낸다는 점을 기억해야 한다.

점술에서는 당연한 일이지만 직관력과 통찰력 또한 큰 가치를 지닌다고 여긴다. 그 능력이 선천적이든 점술가 본인이 후천적으로 기른 것이든, 카드의 우연한 배열은 점술가의 정신과 점을 치고자 하는 주제의 주변 상황 사이에서 연결 고리를 만들어낸다. 그 뒤는 간단하다. 직관력이 작동하지 않거나 부재不在할 때 만족스러운 결과를 얻으려면 집중력이나 지적 관찰, 추론을 최대한 동원해야 한다. 다만, 직관력은 개발되지 않은 것처럼 보여도 이러한 점법을 실습해보는 과정을 통해 기를 수 있다. 만약 특정한 관계 속에서 어떤 카드의 정확한 의미를 알 수 없다면, 이 주제에 대한 전문가들은 손을 그 카드 위에 올려놓으라고 한다. 그리고 그 카드가 의미하는 것이 무엇인지 생각하는 것을 잠시 멈추고, 머릿속에 떠오르는 느낌에 주목하기를 추천한다. 처음에는 단순히 추측으로 끝나고 그 결론이 잘못된 의미라고 판명될 수도 있겠지만, 지속해서 연습하면 의식적인 추측과 무의식적인 정신에서 발생한 인상을 구분할 수 있게 된다.

이런 주제에 대해 이론적이거나 실용적인 주장을 하는 것은 내가 관여할 수 없는, 내 영역 밖의 일이다. 다만, 온 유럽의 카드 점술가들이 단 한 쌍의 손으로 카드를 섞고 혀 하나로 점을 칠 수 있다고 할 때, 이들보다도 많은 칭호를 가진 자*가 다음과 같이 부가적 설명을 제공해주었다.

점술의 실행에 대한 첨언
NOTES ON THE PRACTICE OF DIVINATION

1. 점치기 전에, 질문을 명확히 한 뒤 큰 소리로 반복해서 말하라.
2. 카드를 섞는 동안 마음을 최대한 비워야 한다.
3. 마음속의 개인적 편견이나 선입견을 가능한 한 멀리해야 한다. 그렇지 못하면 선입견이 판단력에 악영향을 끼친다.
4. 이러한 이유 때문에 자기 자신이나 친구보다는 낯선 이를 대상으로 점치는 것이 더 쉽다.

---

* 줄리아 오르시니를 말한다.

제9장 카드 서른다섯 장을 사용한 해석법

THE METHOD OF READING BY MEANS OF THIRTY-FIVE CARDS

제8장에서 설명한 방법으로 해석이 끝난 다음에도 이전의 경우처럼 미심쩍은 부분이 남아 있거나 질문을 더 넓게 확장해야 할 수도 있을 것이다. 그 방법은 다음과 같다.

처음에 카드 마흔두 장을 써서 점칠 때 쓰지 않고 남은 카드를 집어든다. 쓴 카드 마흔두 장은 한 더미로 쌓아두어야 하며, 가장 위에 질문자를 상징하는 카드 앞면이 위로 가게 두어야 한다. 카드 서른다섯 장을 이전과 같은 방법으로 섞고 나눠 아래처럼 6개 묶음으로 나눈다.

첫 번째 묶음은 처음의 카드 일곱 장으로 구성된다.

두 번째 묶음은 그다음 카드 여섯 장, 세 번째 묶음은 그다음 카드 다섯 장, 네 번째 묶음은 그다음 카드 네 장, 다섯 번째 묶음은 그다음 카드 두 장, 여섯 번째 묶음은 남은 카드 열한 장으로 각각 구성된다. 이제 묶음의 배치는 다음과 같을 것이다.

묶음 6	묶음 5	묶음 4	묶음 3	묶음 2	묶음 1
11 카드	2 카드	4 카드	5 카드	6 카드	7 카드

이 묶음을 순서대로 들어서 카드를 여섯 줄로 나열한다. 각 줄의 길이는 다를 수밖에 없을 것이다.

첫 번째 줄은 집, 환경 등을 의미한다.

두 번째 줄은 점의 대상이 되는 인물 또는 주제를 나타낸다.

세 번째 줄은 외부에서 지나가는 사건이나 인물 등을 의미한다.

네 번째 줄은 놀랄 만한 일, 예기치 못한 일 등을 의미한다.

다섯 번째 줄은 위안이 되는 것을 의미하고, 이전의 네 줄에서 좋지 않았던 것을 완화시킬 수 있다.

여섯 번째 줄은 다른 줄의 불가사의한 신탁을 설명하기 위해 필요하며, 그 밖에는 중요하지 않다.

각 카드는 맨 윗줄부터 왼쪽에서 오른쪽으로 해석해야 한다.

점술에 대한 이야기를 결론 내며 다음과 같은 언급을 반드시 해야 하는데, 일반적인 플레잉 카드에 적용할 수 없는 타로카드 해석법은 없다는 것이다. 하지만 타로카드에 추가된 코트 카드와 무엇보다도 트럼프 메이저는 신탁oracle의 요소와 가치를 높인다고 간주된다.

이제 이 모든 것에 대한 결론으로, 나는 마지막 요점 하나를 — 이 맺음말의 형태를 한 — 마지막 말을 위해 남겨뒀다. 그 요점은 내가 트럼프 메이저가 비밀 교리를 담고 있다고 생각하는 것에 관한 내용이다. 내가 그러한 교리가 잠들어 있고, 더 고차원적인 타로 지식의 일부분이라 밝히는 결사나 협회를 잘 알지는 못한다. 그러한 교리가 보존되고 전달되었다고 해서 그 가르침이 트럼프 메이저에 독립적으로 내재되었다고 생각해도 된다는 것 또한 아니다. 그리고 그러한 교리가 타로와는 다른 것이라 말하는 것 또한 아니다. (타로와 비밀 교리) 양쪽 모두에 대해 특별한 지식을 가진 협회들은 있다. 그 지식의 일부는 타로에서 추론되며, 일부는 타로와는 관계없다. 어느 쪽이든 그 근원 내용은 같다. 다만 결사와 협회에 속해 있지는 않지만 다른 형태로 전파되는, 쓰여지지 않은things in reserve* 지식들이 있다. 이런 ** 지식의 전수를 제외하고, 모든 신비주의자에게 마법사, 바보, 여사제, 교황, 여제, 황제, 매달린 자, 탑 카드를 따로, 그리고 다른 카드와 함께 있을 때에 대해 생각해보자. 또한 최후의 심판이라 불리는 카드에 대해 생각해보자. 이 카드들 속에는 혼Soul에 대한 전설이 담겨 있

---

* 지금은 쓰지 않고 특정 용도나 미래에 필요할 때 쓰고자 예비로 남겨둔 것에 가까운 표현이다.

** 앞서 말한 비밀 결사나 협회같은 곳에 속하지 않고 각자 나름대로 전수하는 형태를 제외한 것을 의미한다.

다. 다른 트럼프 메이저는 그 세부 내용이며, 이른바 우연적인 것이다.

아마도 이런 생각을 해본 자는 상징들 너머 저 멀리에 무엇이 있는지 이해하기 시작할 것이다. 그것을 처음으로 만든 자가 누구이든, 그리고 그것을 어떻게 보존했든 상관없이 말이다. 그리한다면, 그는 왜 내가 카드 점에 대해 책을 쓰는 위험을 무릅쓰고 이 주제에 대해 이야기했는가를 깨닫게 될 것이다.

참고 문헌

타로와 그 관계성에 대해 다루는 주요 문헌에 대한 간결한 참고 문헌 목록

A CONCISE BIBLIOGRAPHY OF THE CHIEF WORKS DEALING WITH
THE TAROT AND ITS CONNEXIONS

겸손함을 가장하고 있지만, 이 출판물monograph은 내가 아는 한에는 타로에 대한 완전한 개론을 영어로 하려는 최초의 시도다. 이 책에는 타로의 고고학적 지위를 정립하고 있고, 타로가 지니는 상징성을 규정하며, 점술적 의미와 점법을 충분히 제시하고 있다. 학자라는 관점에서 나는 이 주제에 대한 교본과 그 주제에 대해 눈에 띈 가장 중요한 부수적 참고 문헌을 나열하려 한다. 내 두 눈으로 보지 않은 것은 인용하지 않았기에, 아래에 참고 문헌 각각이 완전하지는 않다. 하지만, 나는 독자 대부분이 지난 120년 동안 성장해왔던 이른바 문헌들의 방대함에 놀랄 것이라 생각한다. 궁금증을 더 깊게 파고들려는 자들은 이곳에서 충분한 자료를 발견할 수 있다. 다만, 나는 이 책에서 이전의 타로 연구들을 대변할 수 있을 만큼 타로에 대해 충분히 설명했다고 생각하기 때문에 (굳이) 참고 문헌을 찾아보도록 권하지는 않는다. 이 참고 문헌 목록도 같은 이유에서 대변적인 성격을 띤다. 대영박물관에 수많은 카드 목록과 카드놀이에 대한 저작물이 있지만, 이 목록을 작성하는 데 참고할 필요는 전혀 없었다는 것을 첨언하고 싶다.

I *Monde Primitf, analysé et comparé avec le Monde Moderne.* Par M. Court de Gebelin. Vol. 8, 40, Paris, 1781.

*Jeu des Tarots*에 대한 기사는 365~410쪽에서 찾을 수 있다. 끝부분 삽화에는 트럼프 메이저와 각 수트의 에이스 카드가 그려져 있다. 이는 18세기 말의 카드를 보여주는 귀중한 자료다. 이 카드는 당시 프랑스 남부에서 유통되었을 것으로 추측되는데, 그 시기에 이 카드가 파리에 알려지지 않았다고 하기 때문이다. 나는 이 문서에서 하는 주장을 이 책에서 다룬 바 있다. 그 주장은 혼란스러운 시대를 감안하면 적당히 괜찮은 편이었다. 하지만, 프랑스의 오컬트 작가들이 이 주장을 아직도 하고 있고, 의문 없이 받아들인다는 것은 이들이 역사를 다룰 때 (별도로) 자격이 필요할 수 있다는 가장 설득력 있는 증거다.

II 에틸라의 저서들. *Les Septs Nuances de l'oeuvre philosophique Hermitique; Manière de se récréer avec le Jeu de Cartes, nommeés Tarots; Fragments sur les Hautes Sciences; Philosophie des Hautes Sciences; Jeu des Tarots, ou le Livre de Thoth; Leçons Théoriques et Pratiques du Livre de Thoth*(모두 1783~1787년 사이에 출간).

이 책들은 굉장히 희귀하나, 솔직히 말하자면 그 시대의 싸구려 책과 차이가 없었다. 이 안에는 문제와 관련되거나 관련되지 않은 주제에 대한 흥미로운 단편들, 지니, 마술, 점성학, 부적, 꿈 등에 대해 고심해서 쓴 작품들이 수록되었다. 나는 이 책에서 타로에 대한 에틸라의 의견과 현대의 역사에서 그가 지니는 위치에 대해 충분히 말했다(제1부 참고). 그는 타로를 의미를 전달하는 상형문자와도 같은 것이라고 생각했으나, 이를 해석하기란 쉽지 않았다. 하지만, 에틸라의 의견에 따르자면 그 스스로는 그 일을 완수했다고 한다.

III *An Inquiry into the Antient Greek Game, supposed to have been invented by Palamedes.* By James Christie. London: 40, 1801.

내가 이 흥미로운 논문집을 언급하는 이유는 타로를 다룬 작가들이 이 책을 인용했기 때문이다. 이 책은 고대의 게임들과 현대 체스 사이의 밀접한 관련성을 증명하려 한다. 팔라메데스Palamedes가 트로이 포위 공격 이전에 발명한 물건이 중국에서는 그보다 더 오래전부터 알려져 있던 것이라는 주장이 제기된다. (그러나) 이 책은 카드에 대한 그 어떤 언급도 하지 않는다.

IV *Researches into the History of Playing Cards.* By Samuel Weller Singer. 40, London, 1816.

타로는 동양에서 기원했을 확률이 높고 매우 오래됐으나, 제블랭의 가설 중 나머지 부분은 모호하고 근거가 없다. 카드는 이집트인이 등장하기 전부터 이미 유럽에서 인지도가 있었다. 이 책은 다양한 흥미로운 정보를 수록했고 부록이 매우 유용하다. 하지만 전체 내용 중 타로에 대한 내용은 상대적으로 일부분에 지나지 않으며, 이 책의 주장에 대해 확실히 비평하기에는 그 시대가 너무 이르다. 이 책에는 초기의 견본 그림을 훌륭하게 보여주는 복사본이 수록되어 있다. 제블랭의 그림 또한 자세히 수록되었다.

V *Facts and Speculations on Playing Cards.* By W. A. Chatto. 8vo, London, 1848.

작가는 트럼프 메이저와 숫자 카드가 원래 별개였으나 이후 합쳐졌다고 주장한다. 가장 오래된 타로카드는 1440년 이전의 것이다. 다만 이 책의 주장과 가치는 본문에서 이미 충분히 설명했다.

VI *Les Cartes à Jouer et la Cartomancie.* Par D. R. P. Boiteau d'Ambly. 40, Paris, 1854.

이집트에서 기원했다고는 하지 않으나, 동양에서 기원했다고 전하는 초기 타로카드에 대한 흥미로운 삽화가 있다. 옛 집시와의 연관성을 주장하기도 하나, 그 증거는 제시되지 않는다. 그 카드들은 집시를 통해 인도에서 전파되었다. 인도에서 카드들은 세속적인 오락의 도구라기보다는 "미지의 신"의 의사를 보여주고자 제작되었다고 한다.

VII *Dogme el Rituel de la Haute Magie.* Par Éliphas Lévi, 2 vols., demy 8vo, Paris, 1854.

이 책은 오컬트 철학에 대한 알폰스 루이 콩스탕Alphonse Louis Constant의 첫 번째 책이자 그의 대작이다. 두 권 다 타로의 주요 열쇠(메이저 카드)에 대해 다루며, 그 안에 함축된 내용을 발전시킨 것으로 여겨진다. 작가에게 타로가 처음 제시된 방식처럼 말이다. 이 출판물에 대해 언급한 것을 보충하고자, 나는 제2권에서 변화에 관한 부분에 토트의 열쇠Key of Thoth라고 불리는 것을 다룬다는 사실만 추가로 이야기하려 한다. 안쪽의 원은 타우Tau 3개를 나타낸다. 그 바닥 부분이 결합하는 곳에 육망성이 놓여 있고, 그 아래로 컵의 에이스가 그려져 있다. 바깥의 원 안에는 TARO라는 글자가 있고, 그 형상 전체의 주위에는 생물 넷의 상징들인 완드의 에이스, 검의 에이스, 히브리어 쉰Shin, 마술사의 양초가 모여 있다. 이는 레비의 주장에 따르면 흑마법의 소환召喚과 계약 의식용 마법진Goetic Circle of Black Evocations and Pacts에서 쓰는 빛과 같다고 한다. 타우 3개는 오망성의 에이스를 나타내려 도입했을 수도 있다. 이 책에서 제시한 유일한 타로카드는 전차인데, 스핑크스 두 마리가 끄는 모습으로 그려진다. 이렇게 정립된 양식은 후대에서도 유지되었다. 이 책을 트럼프 메이저에 대한 해설서라고 해석하는 사람들은 기존 오컬트 연구자뿐이다. 이를 따르려는 자는 바보이므로 고통만 느끼게 될 것이다.

VIII *Les Rômes.* Par J. A. Vaillant. Demy 8vo, Paris, 1857.

작가는 자신이 카드와 어떻게 만났는지 이야기하지만, 그 이야기는 일화로 가득 찬 장에 있다. 타로는 『에녹서*Book of Enoch*』의 별에 대한 책이며, 하토르 Athor의 별의 수레바퀴를 본따 만들어졌다. 이 책에는 트럼프 메이저에 대한 언급이 있는데, 이 카드를 집시가 인도-타타르 지방에서 가져온 유산이라 명백히 간주했다. 나는 바양이 레비의 *Dogme et Rituel** 출판에서 매우 감명받

---

* 위에 언급한 엘리파스 레비의 책을 말한다.

았다고 생각한다. 또한, 바양의 가장 중요한 작품인 이 책에서 내가 언급한
그 일화가 실질적으로 타로에 관한 유일한 언급이지만, 그는 이후의 작품인
*Clef Magique de la Fiction et du Fait**에서 이 문제를 더 탐구했던 것으로 보인다.
하지만 나는 그 작품을 보지 못했다. 그 작품에 관한 이야기로 미루어보아,
이 책을 보지 못해 내가 입은 손해는 없는 것 같다.

IX *Histoire de la Magie.* Par Éliphas Lévi. 8vo, Paris, 1860.
조만간 영어로 발매될 예정인 이 굉장한 작품에서 타로에 대한 언급은 매우
적다. 이 책에는 흔히 세계 또는 우주라고 불리는 21번째 트럼프 메이저를
모든 것이 갖추어진 땅Yinx Pantomorph,** 이시스의 왕관을 쓴 앉아 있는 인
물이라는 제목을 달고 소개한다. 파푸스는 이 카드를 *Le Tarot Divinataire*에서
재현했다. 작가는 현존하는 타로가 유대인이 만든 것이지만, 어찌어찌 집시
의 손에 넘어갔고, 이들이 15세기 초 프랑스에 처음 발을 디뎠을 때 가져왔
다고 설명했다. 이 내용을 뒷받침하는 전문가는 바양이다.

X *La Clef des Grands Mystères.* Par Éliphas Lévi. 8vo, Paris, 1861.
이 책의 권두 삽화는 윌리엄 포스텔William Postel이 제안하고 이 작가가 완성
시킨 오컬트학의 완전한 열쇠를 나타낸다. 그 삽화는 『보헤미안 타로』에서
재현되었는데, 그 책의 머리말에 나는 다른 곳에서와 마찬가지로 포스텔이
상형문자 해독법을 만들어내지 않았다는 사실을 설명했다. 레비는 타로를
에녹Enoch, 토트Thoth, 카드모스Cadmus, 팔라메데스Palamedes 등과 관련되어
있다고 간주되었던 신성한 문자라고 판단했다. 타로는 기호와 숫자에 연관
된 절대적인 개념으로 이루어져 있다. 숫자에 대해 이야기하자면 19까지의
숫자에 대한 방대한 해설이 있고, 그 순열은 오컬트 신학의 열쇠로 해석하
며, 히브리 문자의 남은 세 숫자는 자연의 열쇠라고 부른다. (또한) 타로는 구
스라는 왕실의 게임Royal game of Goose의 원형이기 때문에 체스의 원형이라
고도 전해진다. (그리고) 이 책은 열 번째 트럼프 메이저에 대한 작가의 가상
의 복원본을 수록했다. 이렇게 복원한 운명의 수레바퀴에는 이집트의 형상
이 묘사되어 있다.

---

* 상상과 현실의 마법 열쇠.

** 해당 책에서 레비가 임의로 붙인 명칭이다. 어원은 (약속된) 땅을 의미하는
히브리어 ארץ이다.

XI *L'Homme Rouge des Tuileyies.*[*] Par P. Christian. Fcap. 8vo, London, 1863.

이 책은 굉장히 희귀하고, 수요가 많으며 한때는 프랑스에서 매우 소중한 것으로 평가받았다. 하지만 파푸스는 이 책이 실제로는 가치가 매우 적으며, 과대평가되었다는 사실을 깨달았다. 그렇지만 이 책은 작가가 타로에 대해 상상한 첫 번째 망상을 수록했다는 점에서는 흥미롭다. 그는 레비의 추종자이자 모방자였다. 이 책에서 그는 트럼프 메이저에 대해 해설하며 이후 모든 마이너 아르카나의 디자인과 의미를 설명한다. 그 설명에는 다양하고도 흥미로운 점성학과의 연관이 있다. 이 책은 타로라는 이름을 직접 명시하는 것 같지는 않다. 이후 (그가) 출간한 *Histoire de la Magie*[**]는 이 책에서 설명한 트럼프 메이저에 대한 설명을 재현하고 확장할 뿐, 그 이상은 하지 않는다.

XII *The History of Playing Cards.* By E. S. Taylor. Cr. 8vo, London, 1865.

이 책은 글쓴이 사후에 출판되었고 실질적으로 보이토의 번역물과 다를 바 없다. 따라서 내가 이 책에 대해 논평할 만한 것이 거의 없다. 글쓴이는 집시가 인도에서 카드를 가져왔다고 주장한다. 이 책에는 또한 제블랭이 언급한 이른바 중국의 타로에 대한 언급도 있다.

XIII *Origine des Cartes à Jouer.* Par Romain Merlin. 40, Paris, 1869.

타로의 이집트 기원설에 대한 근거는 제블랭의 상상밖에 없다. 나는 이 작가가 집시 기원설을 자기 만족을 위해 파기하고, 암시되곤 했던 인도와의 관련성도 부정했다는 사실을 언급한 바 있다(제1부 참고). 그는 카드가 인도와 전반적인 교류가 시작된 1494년 이전부터 유럽에 알려져 있었다고 지적한다. 하지만 집시가 이미 서양에서 존재하던 떠돌이 집단이었고 카드가 그들의 휴대품 중 일부였다고 한다면, 이러한 논쟁은 무의미하다. 그 의문 전체가 하나의 추측과 다름없는 것이다.

XIV *The Platonist.* Vol. II, pp. 126-8. Published at St. Louis, Mo., U.S.A., 1884-5. Royal 4to.

이 정기간행물이 발행 중지된 사실을 알았을 때 헌신적이고 고된 노력을 존경하는 많은 사람이 아쉽게 생각했을 것이다. 이 간행물에는 학식에 상당한 자부심을 지닌, 신지학적인 경향의 작가가 기고한 익명의 기사 하나가 수록되었다. 하지만, 이것은 그 자신이 제시한 증거로 미루어보면 굉장히 태만한

---

[*] 튈르리의 붉은 남자의 전설*La légende du fantôme des Tuileries*의 오기.

[**] *Histoire de la magie du monde surnaturel*.

기사라 할 수 있다. 실제로도 그 성과는 말도 안 되는 것이다. 타로는 바퀴를 뜻하는 라틴어 Rota를 애너그램한 것이다. 이 체계는 먼 옛날 인도에서 대략 기원전 300년경에 만들어졌다. 바보 카드는 원초의 혼돈을 의미한다. 타로는 이제 장미십자회의 숙련자가 사용한다. 그러나 타로가 독일 출신의 장미십자회 창시자들에게서 전해 내려온 것이라는 추론이 있으며 타로가 인도에서 기원하였음에도, 22개의 열쇠는 입문 의식이라는 신비를 위해 세워진 이집트 신전 벽에 그려진 모습으로 묘사되었다. 이 헛소리의 일부는 폴 크리스티안에게서 유래했지만, 내 생각에 다음의 주장은 작가 본인이 한 듯하다. "숙련자들은 비밀 열쇠가 총 22개 있어야 하며, 그 때문에 총합이 100이 된다는 사실을 알고 있다." 어느 정도 명석함의 단계에 도달한 자들은 필요한 숫자만큼 백지를 제공하기만 하면 되고, 다른 모자란 그림들은 뛰어난 두뇌를 지닌 자들이 완성할 것이다. 한편, 미국에서는 소수의 사람들이 이 책의 마지막 예측이 실현되기를 기다리고 있다. 머지않아 소수의 사람들이 그 나라에서 "완벽하게 해석할 수 있게 하기 위해… 그 완벽하고 신성한 예언에 대한 작업, 타로를" 다루며 발전을 이루리라 기대하면서 말이다. 아마도 이 책에 수록된 카드가 그런 기회와 자극을 줄 수 있을지도 모른다!*

XV *Lo Joch de Naips.* ** Per Joseph Brunet y Bellet. Cr. 8vo, Barcelona, 1886.
이집트 기원설이라는 망상에 관해서 작가는 가스 윌킨슨E. Garth Wilkinson의 『이집트인의 풍속과 관습*Manners and Customs of the Egyptians*』을 인용하고 있다. 적어도 삼각주***의 오래된 도시에서는 타로카드가 알려지지 않았다는 부정적인 증거로서 말이다. 타로의 역사에 대한 개요가 간략히 설명되어 있는데, 최고 전문가의 의견은 따르고 있지만 신비학파의 대표자들은 언급하지 않았다. 이 책의 논리의 중심은 W. A. 차토다. 스페인의 카드 금지령에 대한 흥미로운 사실이 자세히 수록되기도 하였다. 부록에는 이 책에서 언급했듯 시에나의 성 베르나르디노가 1423년에 게임 전반, 특히 카드를 비판하는 설교를 했다는 사실을 언급하는 문헌을 포함해 가치 있는 문헌이 수록되어 있다. 또한 원시적인 타로의 삽화도 실었다. 그중에는 컵에서 불사조가 날아오르는 형태의 컵의 에이스, 컵에서 꽃이 돋아나고 있는 컵의 퀸과 같은 흥미로

---

* 글쓴이의 표현은 완곡하나, 실상 매우 강도 높은 비판이다.

** 실제 제목은 *Lo joch de naibs, naips o´cartas : passatemps en Caldetas durant lo cólera de 1885*이다.

*** 이집트 나일강의 델타 삼각주를 말한다.

운 사본도 존재한다.

XVI *The Tarot: Its Occult Signification, Use in Fortune Telling, and Method of Play.* By S. L. MacGregor Mathers. Sq. 16mo, London, 1888.

이 소책자는 타로카드와 함께 제공하도록 만들었고, 해당 시기 카드 덱은 이 목적을 위해 해외에서 수입되었다. 독창적 연구라는 겉치레는 없다. 작가가 표현한 유일한 사견, 또는 주목해야 한다고 주장한 내용은 트럼프 메이저가 히브리문자의 오컬트적 의미에 해당하는 상형문자와도 같은 기호라는 것이다. 여기서 인용한 것은 레비로, 그로부터 또한 22개의 열쇠에 배정된 간략한 상징성이 도입되었다. 이후 작가는 점술적 의미를 설명하고 점술의 방법을 소개한다. 이 책은 아는 척하며 쓰여진 단순한 스케치와도 같으며, 모든 면에서 무시해도 좋을 만큼 가치가 없다.

XVII *Traité Méthodique de Science Occulte.* Par Papus. 8vo, Paris, 1891.

레비의 말에 따라 오스발트 비르트(오스왈드 위스)Oswald Wirth가 발행한 개정된 타로가 거의 1100쪽에 달하는 책으로 재현되었다. 집시에 대해 설명하는 부분이 있는데, 여기서 집시는 카드를 통해 유럽에 비밀의 전통을 유입시킨 사람들로 간주된다. 타로는 숫자와 개념의 결합물이며, 따라서 히브리문자와 대응된다. 안타깝게도, 히브리어 인용문은 오자가 너무 많기에 거의 읽을 수 없다.

XVIII *Éliphas Lévi: Le Livre des Splendeurs.* Demy 8vo, Paris, 1894.

카발라의 요소에 대한 항목을 통해 다음의 사실이 주장되었다. (a) 타로는 네 수트의 여러 카드를 통해 1부터 10까지의 숫자에 대한 네 차례에 걸친 설명을 담았다. (b) 우리가 카드 형태로만 가지고 있는 상징은 원래는 메달이었고 이후 부적이 되었다. (c) 타로는 카발라의 신지학의 32개 경로에 대한 상형문자와도 같고, 그 요약된 설명이 광휘의 서Sepher Yetzirah다. (d) 타로는 모든 종교 이론과 상징의 영감이 되었다. (e) 타로의 표상은 이집트 고대 건축물에서 발견된다. 이 주장들의 역사적 가치에 대해서는 본문에서 다룬 바 있다.

XIX *Clefs Magiques et Clavicules de Salomon Par Éliphas Lévi.* Sq. 12mo, Paris, 1895.

이 책에서 언급하는 열쇠는 상형문자와 같은 기호와 숫자로 표현된다. 사마리아나 이집트 상징이 혼합되지 않은 원시적인 순수함의 상태로 1860년대에 복원된 것이라고 전한다. 트럼프 메이저와 연관된 히브리문자의 조잡한 디자인이 그 의미와 함께 수록되어 있는데, 그 대부분은 같은 작가의 다른 책에서 찾을 수 있다. 또한 하느님의 이름을 이루는 문자의 조합이 있는데, 그 조합이 작은 열쇠Lesser Arcana의 코트 카드에 배정되어 있다. 특정한 영혼의 부적들이 결국은 타로와 연관된다. 예를 들어, 클럽(완드)의 에이스는 첫 번째 원칙인 감추어진 신Deus Absconditus*에 해당한다. 이 소책자는 고가에 숙련자 또는 그 지위를 얻으려는 자를 대상으로 출판되었지만, 실제로는 상징성이나 기타 다른 면에서도 가치가 없다.

XX *Les xxii Lames Hermétiques du Tarot Divinatoire.* Par R. Falconnier. Demy 8vo, Paris, 1896.

타로라는 단어는 산스크리트어에서 왔고 "고정된 별"이라는 의미가 있다. 이때 고정된 별은 불변의 전통, 신지학적 통합, 원시적 교의의 상징성 등을 의미한다. 황금 판에 새겨진 그 그림들은 헤르메스 트리스메기스투스Hermes Trismegistus가 쓴 것으로, 그 신비는 이시스의 최고위 사제에게만 공개되었다. 따라서 타로의 이집트 기원설을 말할 필요는 없고, 팔코니어 씨**의 작업물은 그 원시적인 형태를 재현하기 위한 것이며, 그는 건축물을 참고해 작업했다. 즉, 레비의 방식을 따라 트럼프 메이저를 그릴 때 이집트 회화를 모방했다는 것이다. 프랑스 신비주의자들은 이렇게 만들어진 타로를 가장 완벽한 타로라고 극찬했다. 그러나 그 칭찬은 그와 전혀 다르고 전혀 이집트스럽지 않은 오스발트 비르트의 디자인에도 쏟아졌다. 솔직히 말하면, 이런 어리석은 일들은 프랑세즈 극장Comedie-Francaise의 성소에서 예상되는 정도의 일이다. 작가도 그 성소에 속해 있으며, 이렇게 어리석은 일은 그곳에서만 일어나야 한다.

XXI *The Magical Ritual of the Sanctum Regnum, interpreted by the Tarot Trumps.* Translated from the MSS. of Éliphas Lévi and edited by W. Wynn Westcott, M.B. Fcap. 8vo, London, 1896.

이 기록물의 목적은 본래의 가치보다는 그 존재 자체에 있다는 사실을 말해야 한다. 책에는 트럼프 메이저에 대한 일종의 비격식적인 해설, 또는 이 프

---

* 「이사야서」 45장 15절에서 비롯한 개념이다. 또한 「이사야서」 45장 8절의 묘사는 각 수트의 에이스 카드 그림과 관계있다고 볼 여지가 있다. 감추어진 신 개념은 칼 야스퍼스, 『철학 III』, 아카넷, 2019, 137쪽 및 김회권, 『하나님 나라 신학으로 읽는 이사야 40-66장』, 복있는사람, 2020, 256쪽 참고.

** 원문 M. Falconnier. M은 프랑스어 Monsieur의 약자.

랑스 작가*의 머릿속에서 비롯했다고 추정되는 의견이 수록되어 있다. 예를 들어 강인함이라고 불리는 카드는 힘의 비결인 의지를 부연 설명할 기회다. 매달린 자 카드는 위대한 작업의 완성을 의미한다고 한다. 죽음 카드는 사령술과 게티아Goëtia에 대한 비판을 시사한다. 그러한 허상은 삶의 "신성왕국 Sanctum Regnum"에서는 실재하지 않는다는 것이다. 절제에 대해서는 흥미롭지 않은 뻔한 말을 늘어놓았다. 눈먼 힘인 악마는 레비의 이전 책에서 이미 말한 내용을 반복한 것뿐이다. 탑 카드는 위대한 비밀의 배신을 의미하며, 이로 인해 사마엘Samael**의 검이 기쁨의 정원을 뒤덮었다. 삽화 중에는 영지주의의 합일문자가 그려져 있는 것도 있는데, 이는 타로의 합일문자이기도 하다. 이 책의 편집자***는 사려 깊게도 레비의 이전 책과 폴 크리스티안의 비평에서 인용한 트럼프 메이저에 대한 정보를 일부 덧붙여두었다.

XXII *Comment on devient Alchimiste.* Par F. Jolivet de Castellot. Sq. 8vo, Paris, 1897.

이 책에는 연금술적인 타로에 대한 개요가 수록되었다. 혁신과 발명에 대한 존중을 최대한으로 발휘해도 그 내용은 공상적인 것으로 보인다. 하지만 에틸라 또한 이러한 공상을 했고, 현재 마이너 아르카나를 대체할 메이저 아르카나를 만드는 것이 정당하다고 인정된다면 이 기묘한 꿈의 공통점을 기록해두는 일에도 가치가 있을지 모른다. 현재로서는 트럼프 메이저에 해당하는 연금술적인 해석의 표가 있다는 것을 언급하는 것만으로 충분하다. 그 표에 따르면 광대 또는 마법사 카드는 인력을 뜻하고, 여사제는 불활성 물질을 뜻한다고 하는데, 이보다 더 잘못된 정보는 없을 것이다. 또 교황은 제5원소 Quintessence라고 한다. 만약 성 베드로St. Peters의 현대 후계자가 셰익스피어를 잘 알았다면 이를 보고 "호레이쇼, 천지간에는 자네의 철학으로 상상하는 것보다 많은 것들이 있다네."라고 상기시켜주고 싶은 충동이 들었을 것이다. 이와 반대로 악마 카드는 흑화 단계에서의 철학적인 물질이다. 마지막 심판은 현자의 돌의 적화 단계다. 바보 카드는 돌의 발효 과정이며, 결과적으로 마지막 카드인 세계 카드는 연금술의 절대적인 것, 즉 현자의 돌 그 자체를 의미한다. 이 내용에 흥미가 생긴 독자라면 각 화합물의 조합을 상세히 다룬

* 엘리파스 레비를 말한다.

** 유대교 전설, 탈무드에 등장하는 죽음을 관장하는 천사로 12장의 날개를 지닌 최고위 천사이자 사탄, 데미우르고스와 동일시되는 존재다.

*** W. Wynn Westcott을 말한다.

내용이 작은 열쇠Lesser Arcana를 통해 생겨날 수 있다(마이너 카드가 그 목적을 위해 배열된다면)는 점에도 주목할 것이다. 예를 들자면, 완드의 왕은 금gold, 종자/나이브는 동물성 물질, 컵의 왕은 은silver 등이 있다.

XXIII *Le Grand Arcane, ou l'occultisme dévoilé.* Par Éliphas Lévi. Demy 8vo, Paris, 1898.

오컬트주의에서 작가가 연구하려는 내용에 대한 오랜 경험과 많은 시간이 흐른 뒤, 마침내 작가는 자신의 메시지를 이 책에서 하나의 공식으로 줄여 표현했다. 물론 나는 타로에 대해서만 이야기할 것이다. 그는 에틸라의 카드로 점을 치다 보면 점술가가 일종의 최면 상태에 빠진다고 이야기했다. 점술가의 어리석음은 질문자의 어리석음을 통해 나타난다. 만약 점술가가 정직하게 조언했다면 그는 자신의 고객을 잃게 될 것이다. 나는 오컬트적인 기술과 학문에 대해 강한 비판을 적은 적 있지만, 이 책이 과거의 오컬트 전수자 중 한 명에서 비롯되었다고는 믿기 힘들다. 나는 영매가 간혹 정말 예지력을 지니고, 그러한 능력을 발휘해 사물을 통찰한다고 생각한다.

XXIV *Le Serpent de la Genèse—Livre II; La Clef de la Magie Noire.* Par Stanislas de Guaita. 8vo, Paris, 1902.

트럼프 메이저의 8~14번까지 7장을 다룬, 방대한 분량의 논평이다. 정의는 균형과 그 균형을 유지하는 자를 의미하며, 은둔자는 고독함의 신비를 나타낸다. 운명의 수레바퀴는 무엇인가가 되거나 무엇인가를 달성하는 것의 순환이고, 강인함은 의지 안에 있는 힘을 나타낸다. 매달린 자는 마법적인 속박으로, 오컬트에 빠진 몽상가의 흐려지고 왜곡된 통찰력에 대해 많은 것을 말해준다. 죽음은 당연히 그 이름이 의미하는 바 바로 그것이지만, 두 번째 죽음으로의 회귀를 포함한다. 절제는 변환의 마법을 의미하며, 그에 따라 절제보다는 과잉을 암시한다. 내가 믿기로는, 첫 번째 책에는 이와 비슷한 것이 더 많지만 이 정도면 견본으로는 충분할 것이다. 스타니슬라스 데 과이타의 사망은 트럼프 메이저를 해석하려고 한 그의 계획에 종지부를 찍었다. 그 의미와의 연결성은 매우 흐릿하며, 이에 대한 실제 언급은 오직 몇 장으로 요약될 수 있다는 점을 이해해야 한다.

XXV *Le Tarot: Aperçu historique.* Par. J. J. Bourgeat. Sq. 12MO, Paris, 1906.

작가는 운명의 수레바퀴, 죽음, 악마와 같은 특정한 트럼프 메이저의 철저히 공상적인 디자인을 책에 삽화로 그려 넣었다. 그 그림은 상징성과는 아무런 관련이 없다. 이 책에서 타로는 인도에서 만들어져 이집트로 전파되었다고 한다. 이 책은 자신의 주장과 견해를 뒷받침하고자 레비, 크리스티앙, 바양을 인용했다. 이 책에서 적용한 점법은 충분하고도 주의 깊게 설명된다.

XXVI *L'Art de tirer les Cartes.* Par Antonio Magus. Cr. 8vo, Paris, n.d. (About 1908). 이 책은 어떤 특별한 주장을 하는 책이 아니다. 그 수수함을 보면 이 책에 대해 고려해야 하는 사항도 없다. 솔직히 말하면, 이 책은 책 장사꾼의 실험과 비슷한 수준이다. 이 책에는 익숙한 출처에서 파생된 주요 점법을 간략하게 담은 설명, 프랑스 카드 점 역사, 에틸라의 타로카드를 그 의미와 잘 알려진 점법까지 그대로 복제한 것이 수록되어 있다. 마지막으로, 일반적인 카드의 피켓 세트*를 사용한 흔한 점치는 법에 대한 항목이 있다. 이 부분은 여기서 가졌을 법한 유일한 장점인 명쾌함이 없는 듯하다. 다만, 나는 이러한 종류의 문제에 판결을 내릴 적절한 자격을 갖춘 심판관이 아니므로 조심스럽게 말하겠다. 여하튼 그 의문은 아무런 의미가 없고, 정체불명의 작가가 타로의 이집트적 전승이라 부르는 위대한 토트의 서라는 것을 지속적으로 주장한다는 것을 덧붙이고자 존재할 뿐이다. 다만 그의 논문 전반에 약간의 과장이 들어가 있기에, 그가 이 주장을 진지하게 받아들였다고 할 수는 없다.

XXVII *Le Tarot Divinatoire: Clef du tirage des Cartes et des sorts.* Par le Dr. Papus. Demy 8vo, Paris, 1909. 이 책의 본문은 모든 기호의 완전한 재구성이라 이름 붙인 것과 함께 있다. 이는 이 방식으로 우리가 또 다른 타로를 만들었다는 것을 의미한다. 트럼프 메이저는 기존의 경향성을 따르며, 다양한 해석과 미미한 의미의 배정이 이루어졌다. 이러한 방식은 카드 전체에 적용된다. 도안가圖案家, draughtsman의 관점에서 보면 그림들은 평범한 편이며, 재구성본은 그 그림보다도 질이 떨어지는 듯하다. 이 책은 예상 독자층에게 어떤 중요한 의미도 없을 것이다. 파푸스는 흥미로운 기록을 통해 자신이 무의식적으로 받아들인 듯한 레비의 미출간 디자인에 대해 실질적 증거들을 제시한다. 이 증거들은 위대한 신비주의자가 개인적 관점을 뒷받침하려 타로 역사를 날조한 사례로서 흥미롭기는 하다. 이 책에는 다음과 같은 것을 발견할 수 있다. (a) 트럼프 메이저 5번은 호루스를 교황으로 묘사하며, 유적에 그려진 것을 본따서 그려졌다. (b) 트럼프 메이저 2번은 이시스를 여사제로 묘사하며 마찬가지로 유적에 그

---

* piquet set. 서른두 장의 패를 써서 두 사람이 즐기는 놀이.

려진 것을 본따 그려졌다. (c) 인도의 타로를 묘사한 가상의 견본 다섯 개가 있다. 이는 프랑스에서 고등 지식la haute science이 이 책의 그림에 영향을 미친 방식이다. 파푸스는 이 작업물에 영원한 지식의 책livre de la science eternelle이라는 이름을 붙였다. 영국 비평가였다면 여기에 (파푸스보다) 훨씬 더 거친 이름을 붙였을 것이다. 편집자 자신조차 언제나처럼 일을 하며, 고대 이집트에서 각 카드에 배정한 시간을 발견했다고 믿는다. 그리고 이를 점술이라는 목적에 적용해 실력 있는 점술가가 (예를 들어) 어두운 피부의 젊은 남자가 하얀 피부의 과부를 만나게 될 시간과 날짜 등을 알 수 있다고 한다.

XXVIII *Le Tarot des Bohémiens.* Par Papus. 8vo, Paris, 1889. English Translation, second edition, 1910.

굉장히 복잡한 책으로, 오컬트학에 대한 절대적인 열쇠를 보여준다고 한다. 1896년에 모튼A. P. Morton 씨가 영어로 번역했고, 최근 내 검수하에 재발행되었다. 내가 책 앞에 추가한 머리말에 그 책의 주장에 대해 해야 할 말을 다 담고 있다. 이 책의 독자는 반드시 그 머리말을 참고해야 할 것이다. 파푸스가 상형문자의 거대한 묶음을 "세계에서 가장 오래된 책"이자 "성경 중의 성경", "태고의 계시"로 간주한다는 사실은 그의 연구에서 제시한 주장을 훼손하지는 않는다. 이때 그의 연구가 낡고 새로운 타로의 사본을 보여준다는 점, 작가와 그 이전의 연구자들의 개인적인 논지를 요약하는 가치 있는 삽화가 다양하게 수록되었다는 사실은 덧붙여 말해야 할 것이다. 『보헤미안 타로』는 William Rider & Son, Ltd.에서 출판했다.

XXIX *Manuel Synthétique et Pratique du Tarot.* Par Eudes Picard. 8vo, Paris, 1909.

이 주제를 다루는 또 하나의 안내서가 있으며, 전체 카드 모두를 개략적인 삽화를 통해 보여준다. 트럼프 메이저는 제블랭의 것이고, 작은 열쇠는 작가의 상상력에 의지했다. 그중 일부는 흥미롭고, 극소수는 조금이나마 뭔가를 암시한다. 나머지는 잘못되었다고 할 수 있다. 카드에 대한 해석은 연구와 생각 모두를 직접적으로 포함하지 않는다. 그 해석은 프랑스의 오컬트 권위자를 단순히 요약해, 그 뒤에 간단한 일반적 의미를 전체적인 조화로 표현한 것을 붙인 것과 다를 바 없다. 점법은 네 쪽에 걸쳐 설명되며, 점은 단식 상태에서 시행해야 한다고 권한다. 타로의 역사에 대해 글쓴이는 (a) 혼란스럽고, (b) 어디에서 유래했는지 우리는 정확히 알지 못하며, (c) 그럼에도 집시들이 타로를 전파했다고 이야기한다. 최종적으로, 그는 타로 해석이 기술이라고 말한다.

맺음말

머리말에서도 언급했듯, 타로카드 분야에서 이 책이 지니는 의미는 결코 작지 않다.

다만 몇 가지 아쉬운 점은 이 책 역시 마이너 카드들의 구성 원리까지 모두 체계적으로 밝히는 데는 실패했다는 점과, 현대 연구 윤리에 맞지 않은 방식으로 자신의 주장을 강화하려 했던 점이다. 이 때문에 이 책은 소논문이라기보다 절반 이하의 성공을 거두는 데 그친 에세이로 보는 것이 옳다.

이런 문제들이 있지만, 이 이상의 내용을 다룬 이가 이후에도 몇 없고, 있더라도 타로카드에 집중하기보다는 오컬트 요소에 치우쳐 다른 부분들을 놓치는 경우가 많다 보니, 아직도 이 책이 지닌 의미나 권위가 흔들리지 않았던 것이리라.

이 책에서 다루지 못한 이야기들이 많다. 특히 기존 타로카드 총서와 이 책이 다른 내용, 예를 들면 켈틱 크로스 배열의 3, 5번 위치가 왜 바뀌어야만 하는지, King~Ace 순으로 의도한 마이너 아르카나의 순서는 왜 바뀌었고, 핍(Ace~10)과 코트(King~Page)카드를 왜 하필 분할해 언급해야 했는지, 이 책에서 언급한 각 카드의 키워드가 왜 바뀌어왔는지 등의 이야기도 언급하고 싶었으나, 이 역시 원서에 충실하려다 보니 여기서는 본격적으로 언급하기 어려웠다는 점도 아쉽다.

이렇게 다루지 못한 내용들은 차후 기회나 여건이 된다면 언제든 다루고 싶지만, 현실적인 문제가 있다 보니 시기상 요원한 듯해 독자에게 송구스러울 따름이다.

이 책 이후의 타로카드 총서는 당분간 이런 관점에 입각해 더 원론적인 문제들을 다루게 될 것이다. 총서가 계속 이어질 수만 있다면, 타로카드에 삽입되었다고 알려졌으나 그 진위가 무엇인지 모호한 정보를 좀 더 정확하게 다루거나, 올바른 접근법이 무엇인지를 논의

할 수 있는 토대를 쌓아갈 것이며, 아울러 이 과정에서 국내에 제대로 조명받지 못하거나 타로카드와 관련되었다고 알려졌던 지식들에 대해서도 본격적으로 다루어보고자 한다.

이 과정에서 객관적이고도 비판적인 시각이 계속 필요할 것이다. 으레 그렇듯, 발전하려면 수많은 시도와 충돌이 따를 수밖에 없기 때문이다.

몇 번을 다시 생각해도, 여기까지 총서가 이어질 수 있도록 도와준 분들, 그리고 이 글을 읽는 독자들이 없었다면 총서는 여기까지 이어지지 못했을 것이기에, 마음을 담아 감사의 말을 올리고자 한다.

그럼에도 아직 다루어야 할 것, 다루고 싶은 것이 많다. 느리나마 계속 나아가는 것이 지금까지 받은 응원에 보답하는 길이라 믿기에, 앞으로도 굳건히 걸어가고자 한다.

2024년 1월.
서로빛나는 숲.